AF457275

LE CONGRÈS ARCHÉOLOGIQUE DU PUY

21 au 28 Juin 1904

PAR

L. QUARRÉ-REYBOURBON

Officier de l'Instruction publique,
Vice-Président de la Société de Géographie de Lille,
Président de la Société des Sciences de la même ville,
Membre de la Société française d'Archéologie,
Correspondant du Comité des Beaux-Arts des départements, etc., etc.

LILLE
IMPRIMERIE L. DANEL.

1905.

Lj 258

à la Bibliothèque Nationale
hommage de l'auteur
L. Quarré-Reybourbon

BIBLIOTHÈQUE NATIONALE R.F.

LE

CONGRÈS ARCHÉOLOGIQUE DU PUY

Lj 1
8
258

LE

CONGRÈS ARCHÉOLOGIQUE

DU PUY

DON
110437

21 au 28 Juin 1904

PAR

L. QUARRÉ-REYBOURBON

Officier de l'Instruction publique,
Vice-Président de la Société de Géographie de Lille,
Président de la Société des Sciences de la même ville,
Membre de la Société française d'Archéologie,
Correspondant du Comité des Beaux-Arts des départements, etc., etc.

LILLE,
IMPRIMERIE L. DANEL.

1905.

LE

CONGRÈS ARCHÉOLOGIQUE DU PUY

---

21 au 28 Juin 1904.

En mars 1904, nous recevions l'avis que la soixante et onzième session du Congrès archéologique de France se tiendrait au Puy (Haute-Loire) du 21 au 28 juin.

Le Puy, c'est bien loin, il faut deux jours pour s'y rendre de Lille.

Une bonne dame du pays de Lille, presque octogénaire, disait à ses enfants et petits-enfants, au renouvellement de chaque année : « Mes enfants, c'est la dernière fois que vous venez. » A l'âge de quatre-vingts ans la bonne dame oublia son discours annuel et vécut jusqu'à 101 ans.

Suivant son exemple, j'oublie que j'avais dit, l'année dernière : « C'est mon dernier Congrès. » J'oublie, peut-être imprudemment, mes 80 ans, et je me mets en route le samedi 18 juin.

Après avoir jeté un coup d'œil sur les deux salons de Paris et revu avec plaisir l'Exposition des primitifs français, je partis le dimanche 19 juin de Paris, le matin, par la gare de P. L. M., espérant aller coucher au Puy, en suivant la route du Bourbonnais, Nevers, Moulins, Saint-Germain-des-Fossés, Gannat, Clermont-Ferrand. Mais en arrivant à Saint-Georges d'Aurac, j'appris que le train allant au Puy ne reprendrait son service que le 1er juillet.

Force fut de coucher dans une petite auberge, convenable pour le pays. Le lendemain avant midi j'arrivais au Puy, au Grand-hôtel Garnier, où j'avais retenu une chambre. Celle qu'on m'octroya laissait beaucoup à désirer, et ce ne fut que quelques jours après, que je fus logé convenablement... pour un homme du Nord,

Après déjeûner, je fis une promenade en voiture dans la ville et dans les environs ; je pus me rendre compte de la beauté, du pittoresque du pays, excessivement riche en points de vue admirables, en curiosités géologiques, en monuments curieux, mais par contre sillonné de routes fatigantes et escarpées. Que voulez-vous ? Toute médaille a son revers.

Le pays a conservé des habitudes primitives, selon une brochure de propagande publiée par le syndicat d'initiative du Velay au Puy ; cette brochure porte le titre peu modeste, mais vrai après tout :

LE VELAY EST LE PLUS PITTORESQUE PAYS DU MONDE.

Le Congrès ne commençait que le mardi 21 à 2 heures et pas moyen d'obtenir les cartes d'excursions ni le Guide du Congrès avant l'ouverture. La Providence qui protège les travailleurs, et la bienveillance de M. Lefebvre-Pontalis, m'ont permis d'obtenir le précieux guide dès le matin.

Le Guide du Congrès du Puy en 1904, par M. Noël Thiallier, élève brillant de l'école des Chartes et de M. Lefebvre-Pontalis, est rédigé d'une manière remarquable et me sera de grande utilité pour mon travail.

Le Velay est l'un des pays qui a inspiré aux auteurs les descriptions les plus variées. On me permettra de rappeler celle de Georges Sand : « Rien mon ami ne peut te donner l'idée de la beauté pittoresque de ce bassin du Puy ; et je ne connais pas de site, dont le caractère soit plus difficile à décrire. Ce n'est pas la Suisse, c'est moins terrible, ce n'est pas l'Italie, c'est plus beau ; *c'est la France centrale avec ses Vésuves éteints et revêtus d'une splendide végétation*, ce n'est pourtant ni l'Auvergne, ni le Limousin que tu connais. Ici, tout est *cime* et *ravin*, et la culture ne peut s'emparer que de profondeurs resserrées et de versants rapides. Elle s'en empare, elle se glisse partout, jetant ses frais tapis de verdures, de céréales et de légumantes avides des cendres fertilisées des volcans, jusque dans les interstices des coulées de lave qui se répandent dans tous les sens. *A chaque détour anguleux de ces coulées on entre dans un désordre nouveau qui semble aussi infranchissable que celui que l'on quitte ; mais quand des bords élevés de cette enceinte tourmentée on peut l'embrasser d'un coup d'œil, on y retrouve les vastes proportions et les suaves harmonies, qui font qu'un tableau est aimable, et que l'imagination n'y peut rien ajouter.* » (1)

Dans le Dictionnaire de P. Joanne, nous lisons cette autre description : « Si le voyageur venant du Nord, franchit la vallée de l'Allier pour aller visiter la chaîne volcanique du Velay, il devra traverser des abîmes de 500 mètres de profondeur, magnifiques accidents géographiques à peine connus des touristes et qui suffiraient à faire à eux seuls la réputation de cette région.

La chaîne du Velay, avec des montagnes de scories rougeâtres, ses forêts de pins, ses grandes plaines basaltiques, le bassin du Puy, cette perle du Massif central, le massif monolithique de Meygal, d'un cahot si original et d'une coloration si douce, le Mazenc, cet observatoire gigantesque d'où il

---

(1) GEORGES SAND. — *Le marquis de Villemer,*

aura la plus belle vue qu'on puisse imaginer de la chaîne alpine, toutes ces contrées lui révèleront des aspects ignorés, des paysages inédits », (1)

Située au centre d'une région très fréquentée par les touristes pendant la saison d'été, la ville du Puy, mal desservie jusqu'ici par les voies ferrées, n'est pas aussi visitée qu'elle le mérite tant par ses antiques et vénérables monuments religieux que par la beauté pittoresque des sites qui l'entourent. De nouvelles voies ferrées s'exécutent ou se préparent ; la rapidité des trains va s'améliorer et bientôt les touristes auront toutes facilités pour parcourir cette contrée si accidentée, encore inconnue à nombre de voyageurs.

VUE GÉNÉRALE DU PUY

Le Puy. — La ville du Puy est construite sur les flancs Sud et Ouest du Mont-Anis. Malgré la destruction presque complète de son mur d'enceinte et ses faubourgs modernes, peu de villes ont conservé à un degré pareil leur ancien caractère.

Epoques gauloise et romaine. — Il est fort possible que la montagne sur laquelle s'élève le Puy ait été habitée très anciennement, bien que l'époque préhistorique et l'époque gauloise n'y soient représentées que par une large pierre dite *Pierre des fièvres*. Elle se trouve derrière la grille du grand escalier de la cathédrale et semble avoir fait partie d'un dolmen.

On remarque dans les murs de la cathédrale et de l'église Saint-Jean, et on trouve près de ces deux édifices une série d'inscriptions ou de bas-reliefs de l'époque romaine, mais le nom même de la Ville *Anicium*, apparaît pour la première fois, en 501, dans les œuvres de Grégoire de Tours.

Le siège épiscopal, primitivement à Saint-Paulin, fut transféré au Puy au VIIe siècle (2) ; cette ville dut surtout son importance au célèbre pèlerinage de la Vierge du Mont Anis. Il est prouvé que dès l'année 1026 les pèlerins y venaient en grand nombre et peu après la ville abdiquait son vieux nom d'Anicium pour prendre celui de Puy-Sainte-Marie.

---

(1) Marcellin Boule. — *Massif central.* Dictionnaire de P. Joanne.
(2) *Histoire du Languedoc*, II, p. 196.

Fortifications. — Les évêques du Puy étaient comtes du Velay. Ils fortifièrent leur ville par une double enceinte, l'une entourant la ville, l'autre protégeant la citadelle et le palais épiscopal.

L'enceinte extérieure a, en grande partie, disparu, mais le chroniqueur Médicis, qui vivait au XVIe siècle, en a laissé une description exacte. Les murailles se développaient au delà d'un large fossé sur une longueur de 2550 pas. En partant du rocher Corneille, partie la plus élevée de la villes et en allant du côté de l'Ouest, on rencontrait : 1° Le portail de Saint-Robert, donnant accès dans la cité épiscopale ; 2° La porte Gouteyron, sur le chemin et à trente pas du bourg d'Aiguille ; 3° La porte de Montferrand ; 4° La porte et les tours de Farges ; 5° La tour Gaillarde ; 6° Le donjon, la porte et les tours Pannessac ; 7° Une tour dont le nom est inconnu ; 8° La tour et la porte Saint-Jacques ; 9° La tour Cordoan ou Françoise ; 10° Le donjon, les tours et la porte Saint-Gilles ; 11° La poterne ou porte Aiguyère ; 12° La tour et la porte d'Avignon ; 13° La tour du Diable ; 14° Le portalet ou poterne de la Chévrerie ; 15° La porte Saint-Jean ou de Pavavaire ; 16° La tour Pagaise ; 17° La tour de Vienne, placée près du rocher, contiguë à l'Est aux murailles de l'enceinte supérieure, comme la porte de Goutcyron l'était au Nord ; 18° La porte Perdue, reliée au rocher, fermant le cordon de ceinture.

Les rues, qui ont généralement conservé les noms des portes où elles aboutissaient, permettent de trouver facilement l'emplacement de ces portes, dont les principales étaient : *La porte des Farges* au Nord ; *La porte Pannessac* à l'Ouest ; *La porte Saint-Gilles* au Midi ; et *la porte d'Avignon* à l'Est.

La première était sur le côté gauche d'une grosse tour avancée en barbacane où il fallait pénétrer et qui présentait deux obstacles à franchir avant d'entrer dans la ville. La deuxième, la seule dont il subsiste une partie assez importante, était flanquée de deux tours couronnées de machicoulis et de créneaux, elle était surmontée d'un vaste donjon carré et défendue par un pont-levis et une herse en fer. La troisième était pratiquée sous une grosse tour. La quatrième était disposée entre deux massifs servant de corps de garde.

Cette description donne le dernier état des fortifications du Puy telles qu'elles existaient encore au XVIIe siècle, car on avait dû les remplacer successivement pour agrandir la ville. Les vestiges qui subsistent aujourd'hui, et notamment la tour de la porte Pannessac, ne sont pas antérieurs au XIVe siecle.

L'enceinte supérieure renfermait, outre la cathédrale, l'évêché et le cloître, les églises Saint-Georges, Saint-Voty et Sainte-Agrève, le baptistère Saint-Jean et différents logis des familles nobles de la région.

La porte Saint-Georges qui paraît remonter à l'époque romane subsiste encore. (1)

Le matin de la journée du 21 juin, un bon nombre de congressistes sont arrivés. L'hôtel Garnier à lui seul en loge plus de quarante. On se reconnaît, on se rappelle les congrès précédents, surtout celui de Poitiers qui a été si intéressant, on se congratule et on fait de délicieux projets d'excursions.

On déjeûne gaiement, on prend le café en passant au Café de Paris, grande place, et l'on se rend vers deux heures 1/4 à la Salle des Conférences, rue du Collège, pour la séance d'ouverture.

Point n'est besoin de demander son chemin ; il est tracé par des trophées de drapeaux placés de distance en distance et par le pavoisement de plusieurs maisons particulières.

MARDI 21 JUIN. — 2 h. 1/4. *Séance d'ouverture dans la Salle des conférences du Collège.* — 4 heures. *Eglise des Carmes, Musée Crozatier.* — 8 h. 1/2. *Séance.*

La salle est ornée de drapeaux, d'aquarelles et de photographies représentant les monuments de la ville et des environs. Le public est nombreux.

Aux côtés de M. Lefèvre-Pontalis, Président de la Société, se trouvent MM. Bonhoure, préfet ; Héron de Villefosse, de l'institut, délégué du Ministre de l'Instruction publique ; le Dr Coiffier, maire du Puy ; le chanoine Touzet, vicaire général ; le vicomte de Ghellinck-Vaeraewyck, délégué du Gouvernement belge ; de Pressensé, trésorier-payeur général ; Bretegnier, inspecteur d'académie ; Simonnet, procureur de la République ; Alirol et Terrasse, adjoints ; de La Battie, président de la Société académique ; Dechelotte, inspecteur de la Société S. F. A. ; Jacobin, archiviste départemental.

Le premier, M. Coiffier prend la parole pour souhaiter au nom de la Ville du Puy, la bienvenue aux membres du Congrès ; son discours très étudié est très bien dit.

En fort bon termes, M. Lefèvre-Pontalis a résumé les efforts archéologiques accomplis en Velay et fait appel aux bonnes volontés des jeunes. Il résume la situation de la Société archéologique et de ses membres, rappelant le souvenir des disparus et les succès des vivants.

Ces discours ont été vivement applaudis, ainsi que la lecture faite par M. Noël Théollier d'un rapport sur l'histoire de l'art en Velay.

---

(1) BIBLIOGRAPHIE. — *Chroniques d'Etienne Médicis*, édition Chassaing, t. II, Le Puy, 1874, p. 272 et suiv. — Mandat : *Histoire de Velay*, t. VI. Le Puy, 1862, p 24 et suiv.

M. de La Batie prend ensuite la parole pour rappeler l'œuvre de la Société académique et faire l'éloge des sites et des monuments locaux. Il termine en souhaitant la bienvenue aux Congressistes.

M. Héron de Villefosse parle du charme des Congrès, il fait l'éloge du Velay et rappelle en passant les travaux d'Augustin Chassaing et d'Auguste Aymard ; il engage les congressistes à garder toujours le même goût pour la vieille France.

M. Lefèvre-Pontalis entretient longuement l'auditoire de l'organisation du Congrès du Puy. Il excuse les absents et rend hommage aux organisateurs ainsi qu'aux artistes qui ont bien voulu contribuer au Congrès en ornant la salle des conférences de peintures et de dessins.

La séance d'ouverture étant terminée, les Congressistes, conduits par leur savant Président, se dirigent vers l'*Eglise des Carmes,* dont l'aspect extérieur n'accuse guère l'antiquité, à cause des récentes réparations, mais qui remonte cependant au XIIIe siècle.

Les Carmes s'établirent au Puy en 1286, sous la protection de l'évêque Fredal de Saint-Bonnet, mais ils éprouvèrent après sa mort de vives résistances de la part des Dominicains, des Cordeliers et du Chapitre.

L'église qu'ils élevèrent se compose d'une large nef divisée en cinq travées et d'une abside à cinq pans ; les bas côtés ont été ajoutés postérieurement.

La voûte de la nef semble faite après coup, les ogives et les doubleaux, de profil prismatique, retombent sous chapiteaux sur des faisceaux de trois colonnes engagées ; quelques-unes de ces colonnes ont été tronquées.

L'abside est la partie la plus intéressante de l'édifice ; elle présente cinq pans éclairés, celui du fond par une grande fenêtre divisée en trois parties avec remplage tréflé et, les deux de côté, par des fenêtres plus petites divisées par un meneau central.

Les ogives se profilent en un tore avec petite baguette ; ils retombent sur des faisceaux de trois colonnettes, dont la plus extérieure est pourvue d'une baguette comme les ogives. Les chapiteaux sont recouverts de larges feuilles.

Dans le bas-côté Nord, on voit des arcades prises dans le mur ; ce sont peut-être les restes du cloître. La façade et les clochers ont été refaits au XIXe siècle. (1)

L'église a possédé autrefois la fameuse toile de *La Vierge au manteau déployé,* actuellement à l'exposition des primitfs français et attribuée non sans raison à Jean Perreat.

---

(1) BIBLIOGRAPHIE. — Mandat : *Histoire du Velay,* t. VI, p. 21.

On y trouvait également cinq tentures acquises en 1869 par M. Vinay, maire, et données au Musée.

On y voit encore une belle chaire du sculpteur Donat-Jean-Paul-Camille Crouzot et un buffet d'orgues moderne (inauguré le 27 février 1851).

Les congressistes visitent avec intérêt l'*église Saint-Barthélemy*. De la chapelle de l'ancienne commanderie Saint-Barthélémy, il ne reste que peu de choses. Les bâtiments des Templiers ont été transformés en brasserie, puis en maison de rapport, et l'église a subi des injures qui l'ont bien défigurée.

Saint-Barthélémy était le chef des commanderies du Temple dans le Velay; en passant aux Hospitaliers, cette maison devint l'annexe et la filleule de Saint-Jean-la-Chevalerie. L'église est transformée en maison particulière. Elle se compose d'une nef rectangulaire terminée à l'Est par une abside semi-circulaire à l'intérieur et à cinq pans à l'extérieur. La nef est voûtée en berceau brisé.

Une vaste salle est construite perpendiculairement à l'abside. Elle est couverte d'une voûte en berceau sans doubleau avec un pilier rectangulaire au centre; de petites fenêtres s'ouvrent en pénétration dans la voûte. Contre le mur du Nord on voit les débris d'une ancienne cheminée construite en bel appareil et pourvue d'une hotte conique. (1)

MUSÉE DU PUY

Le Musée du Puy attirait les archéologues par sa magnifique installation et ses riches collections.

Le Musée du Puy occupe une vaste construction neuve élevée dans le beau jardin du fer à cheval et due à la générosité du sculpteur Crozatier. Ce musée a eu la chance de posséder depuis le premier quart du XIXe siècle des conservateurs qui ont su comprendre l'intérêt que présente l'art du moyen âge. (2)

---

(1) BIBLIOGRAPHIE. — Chassaing: *Cartulaire des Hospitaliers du Velay. Paris*, 1883, in-7 p. XXVI. — *Visites de l'ordre de Malte* (arch. du Rhone, H 138 in-f° 977 verso). — Théollier. *Architecture religieuse*, p. 76. 77.

(2) MM. Le Bordalièvre et Aymard. Actuellement M. Giron.

Les collections archéologiques sont réparties dans les pièces du rez-de-chaussée. Dans la salle du fond, en face de l'entrée, se trouvent des inscriptions et des fragments de sculpture ou d'architecture de l'époque romaine, généralement trouvés dans la région, notamment au Puy, à Margeaix, à Espaly ; un grand sarcophage monolithe qui servit après coup à la sépulture d'évêques, etc.

La salle préhistorique est riche en objets de toute sorte des âges de pierre et de bronze. Les pièces les plus connues de cette époque sont les ossements humains découverts à Denise.

Les monuments du Moyen-Age sont disposés dans l'aile occidentale. Les sculptures sur pierre ont été réparties par travées ; leur groupement a été fait parfois d'une façon un peu fantaisiste et on les a généralement trop vieillies. Dans la première travée, on a disposé le moulage d'une partie de la frise qui décore le chevet de la cathédrale et une reproduction du chevet primitif. Dans la seconde travée se trouvent divers fragments d'entre-lacs découverts dans les décombres de la cathédrale, qui semblent avoir appartenu à une clôture ou chancel d'église ; des chapiteaux de la cathédrale refaits à l'époque des restaurations, un chapiteau original provenant des décombres de l'Hôtel-Dieu et des moulages de différentes sculptures de l'église Saint-Michel d'Aiguilhe. Des moulages de même provenance se trouvent dans la travée suivante, mais les sculptures les plus curieuses de cette partie du musée sont les fragments d'architecture d'un porche, ayant précédé le porche Nord-Est de la cathédrale. Ils furent découverts encore en place par l'architecte Mimay. Ce sont des chapiteaux décorés de sculptures de deux époques distinctes : d'un côté on voit des entrelacs remontant probablement à la fin du Xe ou au XIe siècle ; sur l'autre face, l'exécution du travail révèle une œuvre de la fin du XIe ou du XIIe siècle. On peut toucher du doigt les transformations subies par la cathédrale, et à défaut d'autres indices, on aurait la preuve que deux édifices se sont succédés à bien peu d'intervalle.

La travée suivante renferme encore des sculptures des XIe et XIIe siècles. Celles qui sont réparties dans la cinquième travée remontent presque toutes au XIIe siècle. On remarquera surtout les colonnettes de marbre avec personnages adossés, qui provient de l'hôpital du Puy, les trois beaux chapiteaux en marbre blanc, qui représentent les scènes de l'Annonciation, de la Visitation et de la Nativité. Il faut encore signaler dans cette salle, qui n'est pas encore définitivement installée, des sculptures de l'époque gothique et de la Renaissance.

La salle du mobilier se trouve dans le prolongement de la précédente. Elle renferme une série d'objets de valeur : il convient de citer plusieurs beaux meubles, des tapisseries, des châsses émaillées, les têtes de lions en bronze qui ornaient les portes de la cathédrale, des grilles en fer forgé, un oliphant, un groupe très remarquable représentant des femmes sculptées en marbre, une statuette de moine et un masque aussi en marbre, une importante série de gaufriers et de rondelles en cuivre des XVIIe et XVIIIe siècles, dont on ornait la tête des mulets. Le musée possède également une belle collection de numismatique.

Le Musée des Beaux-Arts est installé au premier étage ; il renferme une certaine quantité de bonnes toiles. Les archéologues remarqueront les relevés d'un grand nombre de peintures murales du département de la Haute-Loire exécutés par M. Giron. (1)

Une belle collection de dentelles occupe une salle de cet étage. (2)

Après le dîner, tout le monde se rendit à la séance du soir, présidée par M. Héron de Villefosse, et consacrée à la lecture de divers rapports.

M. de Dienne y lut une note sur *les rapports entre la cathédrale du Puy et l'abbaye de Saint-Michel de la Cluze.*

M. Louis Vissaguet parla des *Croix publiques de la Haute-Loire* et termina sa savante communication en demandant le classement des Croix. M. Héron de Villefosse, qui fait partie de la commission des monuments historiques lui promit tout son concours.

Au milieu des applaudissements, remise fut faite par M. Mareuse d'un sifflet en or, offert par la Société à M. Raymond-Chevalier le sympathique Secrétaire général.

On entendit ensuite des rapports de M. P. Le Blanc : *Saurat et Marc, fondeurs de Brioude* et de M. le chanoine Bonnefoy, sur *les orgues de la Chaise-Dieu, attribués à Coysevox.* — Entre temps M. Héron de Villefosse annonça le dépôt sur le bureau du Compte-rendu du Congrès de Poitiers, 1903, et d'un ouvrage sur Arnould de Vuez, volume orné de planches, par M. Quarré-Reybourbon de Lille. — La séance se termina à onze heures.

---

(1) Au sujet des peintures murales, voici une petite anecdote qui m'a été contée par M. Léon Giron. Cet artiste a relevé en fac simile toutes les peintures murales de la Haute-Loire depuis le XIe siècle. A Lavandière (abbaye) relevant une fresque dans l'écurie entre une vache et une chèvre, une partie de son pardessus fut dévorée par la chèvre sans aucune espèce de scrupule.

M. Viollet le Duc avait favorisé les débuts de M. Giron, lui qui désirait la création d'un Musée de notre ancienne peinture et sculpture française.

(2) Bibliographie. — *Société d'Agriculture, Sciences et Arts du Puy, séries de notices sur le musée du Puy,* par MM. de Becdelièvre et Aymard, etc. — *Catalogues du Musée du Puy* de 1873 et de 1903, in-8, 145 pp., fig.

MARDI 22 JUIN. — 7 heures. *Départ en voitures de la place du Breuile. — Arrivée à la Roche-Lambert* à 9 heures 1/2 *et à Saint-Paulin* à 11 heures 1/2. *Déjeûner, Visite à l'Eglise.* — 2 heures 1/2. *Départ en voitures pour Polignac, visite du Château.* — 5 heures 1/2. *Départ, retour au Puy* à 6 heures 1/4. — 8 heures 1/2. *Séance.*

Par une fort belle matinée, les congressistes se sont acheminés vers *La Roche-Lambert.* (1)

D'après M. Mandet, le château de la Roche-Lambert aurait été construit en 1574 par Hélène de l'Estange, épouse de François de La Roche-Lambert. Avant l'incendie qui en a détruit une partie, ce château occupait une surface assez étendue ; la tour actuelle se trouvait approximativement au centre. La porte d'entrée, défendue par des machicoulis, est précédée d'un escalier pratiqué sur le flanc de la montagne.

CHATEAU DE LA ROCHE-LAMBERT

Le château se compose aujourd'hui de deux étages éclairés par trois fenêtres chacun, sans y comprendre les combles où le jour pénètre par des meurtrières ouvertes au-dessus d'un rang de mâchicoulis qui règne tout autour de la façade. La tour centrale, également pourvue de mâchicoulis, est recouverte d'une toiture élevée.

Près de La Roche-Lambert, se trouve une série de grottes autrefois habitées, qui n'ont jamais été l'objet de fouilles dirigées d'une façon scientifique.

Les dames du château firent gracieusement les honneurs de leur domaine, de leur collection de curiosités et de leur bibliothèque.

De la Roche-Lambert à Saint-Paulin, il y a environ une demi-heure de

---

(1) *Borne,* 575 hab. Canton de Saint-Paulien. — *Château de la Roche-Lambert* (XVe siècle) incrusté dans l'excavation d'une muraille de basalte, suivant l'expression de Georges Sand, qui le fait habiter au héros de son beau roman de *Jean de la Roche* (A. JOANNE. *Géographie de la Haute-Loire.* Paris 1899, page 49.)

BIBLIOGRAPHIE. — Mandet : *Histoire du Velay,* VI, p. 355, 356.

trajet, nous y arrivâmes à 11 heures 1/2 rencontrant sur notre route une noce en costume du pays qui ne manquait pas de pittoresque et d'intérêt, surtout les figures heureuses des jeunes époux.

Sous la bonne direction de M. Chevallier, les congressistes déjeûnèrent dans trois auberges différentes. Celle qui nous fut désignée a servi de la manière la plus correcte un déjeûner dont le menu se composait de :

Jambon,
Omelette,
Lentilles,
Gigot,
Dessert, vin, café et liqueurs.

Ce repas a été, de l'avis de tous, l'un des plus agréables de nos excursions.

SAINT-PAULIEN (1) par son antique importauce demande une description étendue, dont le savoir bienveillant de M. Lefèvre-Pontalis va nous fournir les éléments.

ÉGLISE DE SAIT-PAULIEN

Saint-Paulien, naguère Ruessium ou Revessio, fut la capitale de Velay jusqu'à une époque indéterminée, que les derniers éditeurs de l'*Histoire du Languedoc* fixent au VIIe siècle de notre ère. (2)

Son antiquité est attestée par les nombreux débris de l'époque romaine qu'on y découvre chaque jour et surtout par deux monuments d'un réel intérêt.

L'un est une inscription dédiée à l'impératrice Etruscille par la cité libre des Vellaves ; l'autre le curieux édicule qui se trouve sur la place de l'église et qui est connu dans le pays sous le nom de pierre à tuer les bœufs. Ce monument, dans son état primitif, se composait d'un bloc de grès creusé d'arcades

(1) *Saint-Paulien*, 2767 hab. (459 agglom.) Chef-lieu de canton, arrond. du Puy près de Bourboulieue. — Fontaine avec buste du sculpteur Julien (A Joanne. — Géographie de la Haute-Loire, p. 62.)

(2) Tome 11, p. 181.

sur chaque face : c'était peut-être un autel. Les deux autres pierres analogues qui le surmontent ont été placées en 1858 pour servir de socle à une croix.

L'église paroissiale de Saint-Paulien est tellement défigurée que l'on a peine à se rendre compte de ses dispositions primitives. Elle se compose aujourd'hui d'une large nef recouverte d'une nef en berceau brisé qui repose sur des murs très épais. Des arcades massives ont été plaquées après coup contre ces murs ; elles sont appliquées maladroitement contre les fenêtres de la façade qu'elles obstruent en partie. On peut en dire autant des neuf arcades construites contre le mur de l'abside, qui sont certainement d'une époque postérieure au reste de l'édifice, car elles ne sont pas liées à la maçonnerie. (1)

Ces restaurations ont été faites entre 1627 et 1672.

Dans les flancs de l'abside s'ouvre une série de chapelles rayonnantes ; quatre sont primitives et les autres ont été ajoutées à une époque postérieure.

Il semble qu'à Saint-Paulien comme à Chamalières on ait fait disparaître après coup le déambulatoire.

Les chapelles rayonnantes romanes sont décorées dans le fond d'arcatures appliquées abritant des fenêtres. Ces arcatures sont supportées sur des colonnettes dont les chapiteaux sont variés de forme et de dessin; le plus intéressant se trouve dans la chapelle méridionale, on y remarque un personnage tenant un livre et accosté de deux démons. La même scène est sculptée sur un chapiteau bien connu de l'église de Brioude.

Les bras du transept sont condamnés : celui du Sud est en ruines, celui du Nord, encore intact, a été séparé par un mur du reste de l'église, C'est une des rares parties de l'église où l'on puisse se rendre compte de la disposition primitive. Le transept était, comme à Brioude et comme à la cathédrale du Puy, divisé en deux étages : le rez-de-chaussée voûté d'arêtes, la salle supérieure voûtée en berceau où l'on parvient par un escalier à vis. Cette salle, de forme rectangulaire, était éclairée par deux fenêtres. Dans le mur oriental, on voit un enfoncement en forme elliptique, place probable d'une absidiole ou plutôt d'une cheminée comme à Brioude.

L'extérieur, quoique retouché, est cependant plus intéressant : c'est certainement l'édifice du Velay qui a le plus de rapport avec le style auvergnat, tant par la disposition en nombre pair des chapelles absidiales, que par les incrustations de pierres de diverses couleurs appliquées autour des absidioles,

---

(1) La découverte faite par M. l'abbé Arsac d'un très curieux manuscrit confirme à quelques années près l'hypothèse émise dans l'ouvrage *Architecture romane* sur l'époque de ces restaurations. Voir *Semaine religieuse du diocèse du Puy,* du 25 janvier 1903.

dont les contreforts sont des colonnes engagées. Les deux chapelles du fond sont surmontées de tours pour la défense, qui peuvent dater de l'époque des guerres de religion dont Saint-Paulien eut beaucoup à souffrir.

Extérieurement, l'abside présente neuf pans ; elle est circulaire à l'intérieur. Des fenêtres en plein cintre et très ébrasées s'ouvrent en pénétration dans la grande voûte en cul de four. Des arcs-boutants, construits après coup en 1627, s'appliquent à chaque angle de cette abside ; on voit dans leur construction un exemple de la persistance des traditions architecturales en Velay ; les claveaux de l'arc sont alternativement de teinte sombre et de teinte claire.

Une grande fenêtre romane s'ouvre dans chaque travée au Nord et au Sud le long des murs latéraux. L'archivolte de ces baies repose sur des colonnettes. Celles de la façade Sud sont toutes identiques ; au Nord, l'une est beaucoup plus petite que l'autre ; sur la façade occidentale trois fenêtres sont disposées au même niveau, une quatrième est ouverte au milieu de la façade à un niveau supérieur. La porte de cette façade a été refaite en 1866.

Le clocher s'élève au-dessus de la façade ; il repose sur quatre piliers ; deux à l'extérieur ayant l'aspect de contreforts et deux à l'intérieur qui sont indépendants du reste de la construction. Ces piliers sont réunis sur la façade par une grande arcade en cintre légèrement brisé qui a dû servir de mâchicoulis. Mérimée date cette tour du XIVe siècle, mais la partie inférieure ne nous paraît pas postérieure au XIIe siècle ; la flèche a été construite au milieu du XIXe siècle ; avant cette époque le clocher avait un toit très bas, à quatre pentes.

Il est probable que l'église se composait à l'origine de trois nefs, les voûtes latérales épaulant le vaisseau central. Ce monument a été aménagé après coup dans un but défensif, les murs gouttereaux ont été surélevés et les trous de boulin qui existent à leur sommet ont dû servir à supporter un hourdage.

Chapelle de l'Hôpital. — On a employé pour la construction de la chapelle de l'hôpital, des modillons et une curieuse porte de l'époque romane provenant de la commanderie de Montredon. La porte est entourée par nne archivolte décorée de bâtons brisés reposant sur des pilastres cannelés et par d'autres archivoltes toriques retombant sur des colonnettes. Les chapiteaux sont taillés dans de la pierre volcanique poreuse, ce qui donne aux sculptures un aspect bizarre. (1)

---

(1) BIBLIOGRAPHIE. — Taylor et Nodier : *Voyages pittoresques, etc., Auvergne*, t. II. — Arnaud : *Histoire du Velay*, Le Puy 1816. — Mangon de la Lande : *Essais historiques sur les antiquités de la Haute-Loire*, Saint-Quentin, 1826. — Mérimée: *Notes d'un voyage en Auvergne.* — Michel et Mandet : *l'Ancienne Auvergne et le Velay.* — Mandet : *Histoire du Velay*, V, pp. 204, 208. — Thiollier : *Architecture religieuse*, p. 150.

BIBLIOTHÈQUE NATIONALE IMPRIMÉS RF

L'heure pressait, il fallait visiter *Polignac* (1) dont le donjon visible à 5 lieues à la ronde, semblait inviter à l'ascension du roc qu'il surplombe de sa solide masse. La distance à parcourir est de six kilomètres.

Le château. — La question de savoir si Polignac a été habité aux époques gauloise et romaine est une de celles qui ont le plus passionné les érudits de la région au milieu du XIXe siècle. Des fouilles ont permis d'élucider la question ; et si les débris qui y furent découverts ne permettent pas d'affirmer l'existence d'un temple, il est hors de doute qu'il y eut des habitations à cette époque reculée. On a trouvé un masque de grandes dimensions, une inscription en l'honneur de l'empereur Claude et quelques fragments de pilastres et d'architraves.

CHATEAU DE POLIGNAC

Mais ces débris sont peu importants en face de l'intérêt que présente le château du moyen-âge, Il occupe toute la surface d'un plateau assez vaste dont les parois sont tellement abruptes qu'il a été inutile de construire de hautes murailles d'enceintes ; on s'est contenté de protéger les défenseurs. Cette même disposition du rocher a rendu impossible et inutile l'établissement de plusieurs enceintes ; c'est à peine si, au Nord, du côté du chemin et à l'ouest, vers une sorte d'esplanade à mi-hauteur du rocher, on a construit un second mur. Par contre, toutes les infractuosités du rocher qui pouvaient laisser passer un assaillant étaient défendues par une muraille ou une tourelle.

Le seul chemin qui permette d'accéder au château monte en spirale du côté Nord. Il était excessivement défendu par six portes. Des trois premières il ne subsiste que des vestiges. Après avoir franchi la troisième, l'assaillant se trouvait engagé dans un étroit couloir dominé d'un côté par l'enceinte même du château, et de l'autre par une muraille moins élevée. La quatrième porte est bien conservée, elle a encore un aspect imposant et paraît remonter au XIIIe siècle. La baie est en tiers point, elle est surmontée d'un grand arc construit en avant du mur et formant mâchicoulis. De chaque côté, les deux rainures de la herse sont intactes. La largeur du chemin avait été restreinte

(1) POLIGNAC. 2602 hab. (635 agglom.) Canton du Puy (N.-O.) (A Joanne. Géographie de la Haute-Loire, p. 56).

autant que possible par le rocher, à peine taillé, à l'ouest et par un mur construit en glacis à l'est.

Cette porte franchie, on s'engage encore dans un long couloir défendu de toutes parts : après avoir passé la cinquième porte, on se trouve dans une cour où le chemin tourne à angle droit. Cette cour est entourée de murailles. Enfin, la sixième porte donne accès dans le château.

En dehors de l'enceinte et du donjon, les constructions sont en ruines. On peut cependant reconnaître à l'Ouest des bâtiments ayant dû servir de corps de garde et les fondations d'un moulin à vent. A l'Est, autour d'une cour naguère fermée par une septième porte, se groupe une série de constructions assez intéressantes. Les unes, qui furent probablement l'ancienne habitation des seigneurs, remontent au XVe siècle et conservent de curieuses cheminées. Les autres, divisées en appartements vastes, sont édifiées le long du rempart ; elles ne paraissent pas antérieures au XVIIe siècle. Il est probable que les seigneurs firent construire à cette place une habitation plus confortable, lorsqu'ils n'eurent plus à redouter d'attaques. Dans la cour qui sépare ces deux corps de logis se trouve une vaste citerne et un puits profond de 83 mètres 50.

En continuant à s'avancer vers le Sud, on voit les substructions d'une curieuse chapelle romane à une nef avec transept flanqué d'absidioles. Le chevet est rectangulaire à l'extérieur et en hémicycle à l'intérieur ; dans les angles sont pratiquées deux petites niches en absidioles arrondies prises dans l'épaisseur du mur. A l'intérieur et à l'extérieur, on remarque des tombes creusées dans le roc.

Plus loin, à l'extrémité méridionale du plateau, on voit d'autres substructions. Les objets découverts sur ce point permettent de penser que c'était l'emplacement des ateliers ou des forges.

Le donjon de Polignac, l'une des constructions militaires les plus intéressantes de la région, fut élevé de 1385 à 1421 ; il est bâti sur plan rectangulaire. La porte d'entrée, basse et étroite, amortie par un arc cintré brisé, s'ouvre à l'est au rez-de-chaussée ; on ne pouvait y parvenir que par un passage étroit et facile à défendre pratiqué le long du rempart. Elle donne accès dans une salle basse, recouverte d'une voûte en berceau. La voûte actuelle est neuve. L'ancienne s'était effondrée, mais il en subsistait des traces suffisantes pour qu'on ait pu la reconstituer sur des données certaines.

La partie supérieure du donjon était divisée en trois étages par des planchers qui n'existent plus. Chaque étage est éclairé par des fenêtres de dimensions inégales : quelques-unes sont séparées en deux par un meneau.

A chaque étage aussi, on voit une belle cheminée en pierre. Les pieds droits de ces cheminées ont des moulures tantôt toriques, tantôt prismatiques,

L'escalier tournant qui conduit aux étages supérieurs est bâti dans une tourelle rectangulaire dont la construction fait corps avec celle du donjon.

Ce beau monument menaçait ruine. MM. de Polignac n'ont pas reculé devant la dépense d'une reconstruction qui a été faite avec un soin scrupuleux. On l'a rebâti depuis la naissance de l'évasement extérieur.

Dans le bas de la montagne, au pied du donjon, on a trouvé les traces d'un égout.

La famille de Polignac, qui a joué un rôle politique dans les temps modernes, habite maintenant le château de la Voûte-sur-Loire, dont nous parlerons plus loin.

Eglise paroissiale. — L'église de Polignac fut donnée en 1126 à l'abbaye de Pobrac qui y établit des chanoines réguliers. Elle paraît remonter au XIIe siècle. La travée occidentale et la façade ont été ajoutées il y a une vingtaine d'années par M. Martin, architecte au Puy.

La partie ancienne comprend trois travées de nef et de bas-côtés, voûtées en berceau plein cintre et terminées, sans l'intermédiaire d'un transept, par trois absides arrondies intérieurement. Les voûtes des bas-côtés sont portées assez haut pour buter la poussée de la voûte centrale, disposition qui se rencontre ailleurs dans la région et qui explique pourquoi la voûte de la nef est demeurée intacte, tandis qu'elle est tombée dans les églises construites suivant le mode bourguignon, telles que Chamalières, Le Monastier et Chanteuges.

La nef et les bas-côtés ont des doubleaux simples qui reposent sur des pilastres rectangulaires. Les piliers cruciformes sont flanqués, dans chaque angle rentrant, d'une longue colonnette au fût galbé faisant corps avec l'estragale.

La travée qui précède l'abside est couverte d'une coupole octogonale sur trampes en cul de four. Un étroit passage fait communiquer l'abside avec les absidioles.

La nef n'a pas de fenêtres, le bas-côté Nord n'en possède qu'une seule à la première travée, le bas-côté Sud en a une par travée. Ces fenêtres sont grandes ; leur archivolte extérieure, en plein cintre, est doublée intérieurement d'un tore qui repose sur des colonnettes. L'ébrasement ne se produit qu'à l'intérieur.

Les chapitaux des colonnes intérieures, sculptés dans du grès de Blavozy, sont d'une finesse remarquable. On y voit des animaux et des personnages représentés dans des enroulements de feuillages.

A l'extérieur, les absidioles sont en hémicycle ; l'abside principale présente cinq pans : trois sont décorés d'arcatures dont la plus orientale est garnie de bâtons brisés et qui reposent sur des pilastres accostés de colonnettes. Le clocher a été surélevé d'un étage au milieu du XIXe siècle. Un porche a été ajouté au XVe siècle sur la façade méridionale. Trois cippes de l'époque romaine ont été employés dans la construction.

L'église de Polignac possède un curieux reliquaire en forme de diptyque en bois sculpté et peint, remontant au XVe siècle. (1)

Vers 6 heures les archéologues se remettaient en route et se trouvaient bientôt à l'*Ermitage* (fondé en 1393 par l'évêque du Puy) en face *La Borietta*, célèbre à cause des pourparlers qui s'y tinrent en 1581 entre le royaliste Chasté et les consuls du Puy, enfin au Puy.

Aussitôt le dîner, les congressistes se rendent à la séance présidée par M. Lefèvre-Pontalis.

Au nom de M. l'abbé Fabre, M. N. Thiollier a donné lecture d'un mémoire sur *les Méreaux de la Collégiale de Saint-Médard de Sanguet appelés hélas et frappés de* 1380 *à* 1789.

M. Dechelette a entretenu ensuite l'assemblée des *Bas reliefs gallo-romans du Puy* d'après les moulages déposés au Musée Crozatier.

En une brillante improvisation, M. du Bauquet, maître de conférences à l'Université de Clermont, a indiqué les traits caractéristiques des églises de Saint-Paulien et de Polignac comparées à l'art roman-auvergnat.

M. A. Philippe, archiviste de la Lozère, a enfin parlé des *Eglises de la haute vallée du Lot* et a présenté le Gévaudan comme une région architecturale de pénétration des écoles avoisinantes et notamment celles d'Auvergne et de Provence.

Entre temps, M. Lefèvre-Pontalis a annoncé le dépôt sur le bureau, des comptes-rendus des congrès de 1902 et 1903 par M. le vicomte de Ghellinck, délégué du gouvernement belge, ainsi que le procès-verbal de l'incendie de la Chaise-Dieu en 1574 publié par M. Charles Jacotin de Rosières.

---

(1) BIBLIOGRAPHIE. — Il est question de Polignac dans tous les ouvrages généraux publiés sur la région, notamment dans l'*Histoire du Languedoc*. M. Jacotin aura bientôt terminé l'impression des nombreux documents de ses Preuves de la Maison de Polignac. On peut mentionner comme se rapportant plus spécialement à l'archéologie : Mérimée : *Notes d'un voyage en Auvergne*, p. 250 à 260.— Becdelièvre (De) : *Quelques notes en réponse à celles publiées par Mérimée*, etc. Le Puy, 1839, in-8. — Extrait des *Annales de la Société d'agriculture*, année 1837-1838. — *Polignac et ses antiquités*, dans le même recueil, 1839-1840. — Grellet (Félix) : *Exposé des diverses opinions émises sur Polignac*. Le Puy, 1840, in-4°. — Aymard : *Notice relative à des découvertes Gallo-Romaines, au village de Polignac et au Puy*. Annales de la Société d'agriculture, années 1855-1856. Le Puy, 1859, p. 245 et suiv. — Robert (Félix) : *Rapport sur le résultat des fouilles faites au puits de Polignac*, même recueil, t. XXI, 1857-1858.— Mandet : *Histoire du Velay*, t. I, p. 240 à 293 et VI p. 143 à 253. — Thiollier : *Architecture religieuse*, p. 129, 130.— Thiollier : *Polignac*, dans le *Mémorial de la Loire* des 14 octobre 1900 et 28 février 1901. — Mallay : l'*Eglise du Monastier et le château de Polignac. Rapport publié* par Noël Thiollier. Le Puy, 1902, 41 p.

JEUDI 23 JUIN. — 7 h. 20. *Départ par train spécial. Arrivée à La Chaise Dieu* à 9 heures, *visite de la ville et des églises.* — Midi. *Déjeuner. Visite du cloître et des tours.* — 4 h.15. *Départ en chemin de fer. Retour au Puy* à 6 h. 43. — 8 h. 1/2. *Séance.*

A l'heure indiquée les Congressistes prirent place gaiement dans les wagons. Le voyage par lui-même est un véritable enchantement. On voit se dérouler les plus beaux panoramas du pays, d'une part le bassin du Puy et ses successions rapides de ravins et de pics, la ligne bleue des Cévennes dominées par la silhouette ondulée du Mozonc de l'Alhambre et le Meygal, d'autre part la succession gracieuse de villages avec arrêts : Darsac (1) Céaux d'Allègre (2) Monlet (3) Sembadel (4), enfin La Chaise Dieu (5).

L'importante-abbaye de *La Chaise Dieu* fut fondée en 1043 par Saint Robert, chanoine et trésorier de l'église Saint-Julien de Brioude. Il ne subsiste plus rien des constructions élevées par le fondateur ou ses premiers successeurs. Pierre Rogier, ancien moine de la Chaise Dieu, devenu pape sous le nom de Clément VI, voulut donner à l'abbaye une église digne d'elle et confia le soin de la construire à un architecte du nom d'Hugues Morel, qui fut aidé dans sa tâche par deux autres maîtres de l'œuvre, nommés Pierre Folciat et Pierre de Cebazet, C'est grâce à un précieux livre de compte, découvert aux archives du Vatican

LA CHAISE DIEU

(1) DARSAC, commune de *Vernassal,* 1.125 hab. (365 aggl.) canton d'Allègre. (A. Joanne, Géographie de la Haute-Loire 1899, p. 64.)

(2) CÉAUX D'ALLÈGRE, 1380 hab. (188 aggl). Canton d'Allègre (A. Joanne, idem, p. 50).

(3) MONLET, 1,520 hab. (282 aggl.), Canton d'Allègre. — Sur la plus grande cuve romane (XIIIe siècle) un grè sculpté, servant de réservoir à une fontaine. — Eglise des XII et XIIIe siècles. — Château converti en mairie et dont diverses dépendances servent d'habitations. (A. Joanne, idem, p. 56).

(4) SEMBADAL, 780 hab. Canton de la Chaise Dieu. (A. Joanne, idem, p. 63).

(5) LA CHAISE DIEU, 1607 hab. (1.084 agglom.). Chef-lieu de canton, de l'arrondissement de Brioude, sur un plateau froid à 1.090 mètres. (A. Joanne, idem, p 61).

par M. Maurice Faucon, que nous connaissons les détails de la construction de l'église de La Chaise Dieu et les sommes qui y furent consacrées. D'après les calculs de M. Faucon, les sommes payées depuis 1344, date du commencement des travaux, jusqu'en décembre 1352, époque de la mort de Clément VI, s'élèvent à 3.000 florins, qui vaudraient aujourd'hui environ 1.875.000 francs.

L'église comprenait alors l'abside, le chœur et cinq travées et demie de nef. La mort de Clément VI arrêta les travaux, mais ils furent repris en 1370 à l'avènement au trône pontifical de son neveu, Grégoire XI, qui construisit la façade et les deux travées et demie qui la précèdent. Cette église ne nous est pas parvenue intacte ; elle a été saccagée le 2 août 1562 par les troupes protestantes commandées par Blacons, lieutenant du baron des Adrets.

L'église de La Chaise Dieu est un monument original, un peu lourd de forme, mais qui produit cependant une profonde impression de grandeur, malheureusement bien diminuée depuis que l'on a remplacé par un toit aigu l'ancienne toiture plus plate et d'angle ouvert.

Elle est construite au sommet d'une petite place ; un escalier de quarante marches précède la façade percée au rez-de-chaussée d'une porte relativement étroite et peu ébrasée, divisée en deux par un trumeau central sur lequel est sculptée une statue de Saint-Robert. Les voussures sont en lave, les niches et les statues qui les ornaient ont été mutilées. Trois fenêtres peu larges, ouvertes dans l'axe de la nef et des bas-côtés, éclairent la façade qui est épaulée aux deux extrémités de chaque côté du portail par des contreforts proéminents reliés entre eux par des arcs supportant une galerie qui fait communiquer les deux tours. Ces clochers diffèrent entre eux par leurs dimensions et par la forme et le nombre de leurs baies, mais ils ont le même aspect solide et trapu. Ils étaient autrefois réunis par un mur droit derrière lequel se dissimulait le comble de la toiture.

On dit à La Chaise Dieu que ces clochers étaient autrefois recouverts de flèches démolies pendant la Révolution : c'est une erreur, car la vue de l'abbaye donnée dans le *Monasticon Gallicanum* indique qu'ils étaient couverts de toits assez bas.

« L'intérieur est vaste ; il mesure dans œuvre 75m,63 de longueur, 24m,40 de largeur. Elle est divisée, dans sa longueur, en neuf travées par seize gros piliers de forme octogonale, sauf aux trois dernières travées, proches de l'entrée où leur plan est particulier. Les piliers de ces trois dernières travées reçoivent les doubleaux de la grande nef sur une saillie du piédroit, à laquelle il manque un chapiteau pour être un pilastre ; mais dans les autres travées de la nef et dans celles des collatéraux, tous les arcs ainsi que leurs nervures se perdent par pénétration dans les piliers au point de naissance de la voûte. Celle-ci est d'égale hauteur que les trois vaisseaux, et son arc en tiers-point est si ouvert qu'il confine au plein cintre ; l'édifice paraît d'autant plus large que l'œil embrasse d'un seul coup ces trois nefs égales, sans que les parois ajourées s'élèvent au-dessus des arcades qui limitent la principale, la distinguent de ses voisines.

Quand on y pénètre pour la première fois, on trouve que son incontestable majesté n'est pas exempte de quelque lourdeur et la sévérité de ses murs gris, sans ornements, semble aggravée par la rigueur de toutes les lignes et par l'affaissement de la couverture. Le jour ne pénétrant que par les baies étroites des nefs latérales divisées en deux compartiments par un créneau surmonté d'un oculus à six lobes et par les verrières de l'abside dont les murs du jubé interceptent la clarté, l'atmosphère obscure et froide de l'église ajoute à cette impression. Mais on a vite fait de se familiariser avec cette austérité cénobitique beaucoup moins accentuée d'ailleurs, quand une décoration polychrome, dont on retrouve les vestiges en certains endroits des nervures et dont l'humidité dut avoir promptement raison, rendait la voûte plus légère à l'œil.

Le jubé du XVe siècle, en rompant très mal à propos la perspective, altère de son côté l'effet primitif (1) ». Les doubleaux des bas côtés descendent à un niveau assez bas, ils sont surmontés d'un mur en maçonnerie, disposition dont le but était de contrebuter plus efficacement la poussée de la maîtresse voûte. Sur l'abside s'ouvrent, dans l'intermédiaire d'un déambulatoire, cinq chapelles rayonnantes tangentes les unes aux autres; elles sont éclairées par de très longues baies divisées par un meneau central.

CHAISE DIEU — JUBÉ

L'extérieur de l'église est, comme l'intérieur, construit en granit du pays, pierre très dure, qui se prêtait mal aux délicatesses de la sculpture, aussi en est-il à peu près dépourvu ; à peine peut-on citer quelques gargouilles et quelques fleurons terminant les contreforts et taillés dans la lave. Les contreforts, sans arcs-boutants, sont appliqués contre les murs latéraux jusqu'à la naissance du toit, disposition qui résulte de la hauteur égale des nefs et de l'absence de chapelles en dehors des bas-côtés.

---

(1) Maurice Faucon : *Notice sur la construction de l'église de la Chaise Dieu*, p. 24 à 26.

Tombeaux. — Lorsqu'en entre dans le chœur, le premier objet qui frappe les yeux est le tombeau de Clément VI, exécuté du vivant du pontife par le sculpteur Pierre Roye et ses deux aides Jean de SANHALIS et Jean David.

La statue du pape un peu glus grande que nature, taillée dans du marbre d'une irréprochable blancheur, est étendue sur une dalle de marbre noir recouvrant un sarcophage de même marbre dépourvu d'ornements. Ce tombeau fut brisé et violé par les bandes protestantes de Blocons. Avant sa destruction partielle il était entouré et surmonté d'un édicule en marbre semblable à ceux des tombeaux de Jean XXII à Avignon et d'Innocent VI à Villeneuve. Il était en outre décoré des statuettes de quarante-quatre personnages, presque tous membres de la famille du pontife et rangés comme une garde d'honneur autour de son corps.

Dans le collatéral sud se trouve un autre monument funéraire remarquable : c'est le tombeau de l'abbé Renaud de Montelar (+ 1346), abrité sous un arc engagé dans la muraille. Il est bien mutilé, mais les statuettes qui en décorent la face inférieure et les dix figures d'anges encadrées dans les quatre feuilles sont remarquables.

Deux autres tombeaux, moins intéressants, se trouvent dans le collatéral Nord : on ignore le nom des personnages qu'ils renferment.

Stalles. — Le chœur des moines est entouré de superbes stalles remontant au XVe siècle. Elles sont au nombre de cent cinquante-six disposées sur deux rangs. Dans la partie supérieure règne une frise rehaussée de feuilles de vigne et de raisins et plus bas un large cordon de trèfles ; les dossiers sont décorés d'arcatures et d'un petit bas relief central. La partie inférieure des sièges est également ornée. De chaque côté de la porte sont des montants sculptés à jour et naguère décorés de figures aujourd'hui détruites ou mutilées.

Tapisseries. — Tout le pourtour des stalles est garni d'une série de tapisserie des Flandres qui auraient été données à l'abbaye par l'abbé Jacques de Sénectaire et mises en place en 1518, le jour de la fête de Saint-Robert. Elles sont au nombre de quatorze. Trois d'entre elles forment portière devant les baies qui donnent accès à l'intérieur du chœur ; elles représentent la naissance du Christ, sa mise en croix et sa résurrection. Les autres sont tendues le long du mur de clôture. « Chacun des sujets tirés de la vie ou de la passion de Notre-Seigneur s'encadre entre deux représentations des événements précurseurs qui en avaient été, à l'âge biblique, le symbole anticipé. Des motifs d'une architecture fantaisiste séparent ces tableaux qui sont ainsi rapprochés comme en une série de triptyques. Des légendes en caractères gothiques commentent chaque sujet (1). L'humidité et la lumière ont altéré certaines cou-

(1) Edmond Durard : *La Chaise Dieu*, p. 40.

leurs, notamment les bleus, les violets et les roses des chairs, mais l'ensemble est encore en bon état de conservation. Depuis deux ans l'État fait restaurer quelques-unes de ces tapisseries à la manufacture des Gobelins.

Danse macabre. — La célèbre danse macabre de La Chaise Dieu se trouve dans le collatéral nord ; elle est peinte à la détrempe sur le mur qui entoure le chœur et couvre trois longs panneaux séparés par quatre piliers également peints autrefois. Cette peinture qui remonte au milieu du XVe siècle, est comprise de la même manière que les autres compositions analogues. L'humanité, représentée par des personnages de tous âges et de toutes conditions, se hâte vers la tombe sous l'étreinte de sinistres et railleuses personnifications de la Mort. Les contours des personnages sont tracés au pinceau avec une couleur brune se détachant sur un fond rouge : le sol est indiqué par une teinte d'ocre jaune. Le manteau du pape, le chapeau et la robe du cardinal portent des traces de rouge ; la tunique du prince, les vêtements du baron sont encore nuancés de jaune clair ; toutes les autres figures sont restées à l'état de simples esquisses au trait.

Les orgues. — Au dessus de la porte d'entrée on remarque un vaste buffet d'orgues qui est un très joli spécimen de l'art du XVIIe siècle. Il fut mis en place par le cardinal Serroni, abbé de la Chaise Dieu de 1672 à 1687. Quatre grandes cariatides supportent la tribune, dont la balustrade est ornée de bas-reliefs représentant des chœurs de Séraphins, Sainte-Cécile et le roi David. Des têtes de lion, des frises, des guirlandes séparent les bas-reliefs, bordent les corniches, terminent les pendantifs. M. Edmond Durand, qui a très sérieusement étudié ce buffet d'orgues, a lu sur l'angle de droite le monogramme COX. Il pense qu'on peut attribuer ces sculptures en tout ou en partie à Coydevox.

Avec son grand savoir, M. Lefebvre-Pontalis a fait valoir les richesses de cet admirable monument ; nous lui en témoignons toute notre reconnaissance.

Il est regrettable que cette magnifique église, devenue paroissiale, ne soit pas tenue d'une manière plus en rapport avec son magnifique vaisseau. Nous avons remarqué le chemin de croix, 14 lithographies enfermées dans des cadres noirs des plus ordinaires.

Les chapelles ont des vases aussi très communs portant des bouquets de fleurs naturelles fanées depuis bien des jours et cela, dans un pays où la flore est si brillante et si généreuse.

Le chauffage de l'église est fait par deux poêles chouberski dont les tuyaux traversent les belles voûtes.

Le curé actuel, cherche des ressources pour remédier à cet état de choses.

Il est midi, l'heure du déjeuner est sonuée, c'est comme la veille dans trois auberges que ce repas se fait, au grand contentement de tous. Aussitôt le repas terminé, nous reprenons notre visite.

Le cloître. — Au sud de l'église se trouve le cloître qui fut élevé par l'abbé de Chanac (1378-1417). Il n'en subsiste plus que les galeries nord et ouest, divisées la première en dix, la seconde en cinq travées. Il est voûté sur branches d'ogives très surbaissées dont les clefs portent les armes de l'abbé de Charnac et du pape Clément VI. Les travées sont séparées les unes des autres par un massif de maçonnerie épaulé contre un contrefort.

Le cloître s'ouvre sur le préau par une grande arcade subdivisée elle-même en quatre arcs plus petits et tribolés, réunis deux par deux sous une archivolte. Un quatre feuilles occupe le sommet de la grande arcade, un autre, de moindres dimensions, surmonte les deux petits arcs.

Au dessus de la galerie adossée à l'église se trouve une longue salle éclairée par quatre fenêtres trilobées, séparées en deux par un meneau horizontal. C'était la bibliothèque de l'abbaye.

Tour Clémentine. — Ce très curieux monument défensif s'élève au sud-est de l'abside. On y pénètre de l'église par une petite porte ouverte au fond de l'une des chapelles et défendue du côté de l'église par un mâchicoulis. Au rez-de-chaussée se trouve un puits et un four placés là en prévision d'un siège. Deux des étages supérieurs sont voûtés ; les autres étaient supportés par des poutres. Des contreforts et des arcs-boutants épaulent la tour à l'extérieur. Au premier étage un couloir, qui a probablement remplacé un pont-levis, la faisait communiquer avec l'abbaye. L'escalier est construit dans une tourelle élevée dans l'angle nord-ouest de la tour. Des mâchicoulis supportés par des dalles en encorbellement complètent le système de défense de ce beau monument, qui a résisté aux troupes de Blacons.

Le rez-de-chaussée a été transformé en sacristie dans laquelle on conserve des chasubles assez médiocres, un christ en ivoire, un calice du XIIIe siècle et un anneau qu'on dit avoir appartenu à Clément VI.

Batiments conventuels. — Les bâtimeats de l'abbaye ont en général été reconstruits au XVIIe siècle et offrent peu d'intérêt ; on doit signaler pourtant un curieux phénomène d'acoustique dans la salle dite de l'*Echo*.

Maisons anciennes. — Dans le bas du village se trouve une assez jolie maison romane signalée pour la première fois par M. Enlart, avec deux fenêtres geminées entourées d'un cordon de billettes. Une autre maison a conservé des restes de mâchicoulis (1).

Bibliographie. — Blanche Dominique : *L'Auvergne au moyen âge*, t. 1er, Clermont 1842 et pl. — Michel et Mandet : *L'Ancienne Auvergne et le Velay.* — Mandet. *Histoire du Velay*. t. VI, p. 247 à 296. — Bonnefoy (l'abbé). *L'abbaye de Saint-Robert de la Chaise Dieu.* — Faucon (Maurice). *Documents inédits sur l'église de la Chaise Dieu.* — Thiollier (Félix). *Le Forez monumental et pittoresque.* — Ed. Durard : *La Chaise Dieu*, Paris 1903, in-16. — Thiollier (Noël) : *La Chaise Dieu* dans le *Mémorial de la Loire* des 9 et 24 juin 1900.

Les congressistes rentrèrent pour dîner ; ensuite les plus vaillants se dirigèrent vers le lieu de la séance.

Elle se tint sous la présidence de M. Lefèvre-Pontalis.

M. Ulysse Rouchon donna lecture d'un résumé de sa longue étude sur les fortifications du Puy.

M. Godard lut une note sur les *Artistes du Velay*, jusqu'à l'époque contemporaine inclusivement.

Ces deux communications furent agrémentées de projections exécutées par M. André Boyer, Président des Amis des Arts.

M. Léon Giron parla des fresques qui existent encore dans diverses églises du Velay. Sa lecture donna lieu à une discussion courtoise, sur les termes de « style byzantin » et de « style mozarabe » (pour l'église de Langeac).

Vu l'heure tardive, M. le Président remit à lundi l'audition d'un mémoire de M. Grellet sur *Yves d'Albègre*.

VENDREDI 24 JUIN. — 7 heures 30. *Départ par train spécial. Arrivée à Chamalières* à 8 heures 15. *Visite de l'église.* — 11 heures. *Départ en chemin de fer. Retour au Puy* à 11 heures 56. — 2 heures. *Rendez-vous à la Cathédrale. Visite du Cloître, du bâtiment des mâchicoulis, du Musée religieux, Chapelle Saint-Jean, Hôpital, Chapelle des pénitents.*

L'excursion de Chamalières avait attiré à la gare tous les congressistes. A l'heure exacte ils montaient dans le train, qui par Saint-Vincent (1) Vorey (2) arrivait à l'heure dite à Chamalières. (3)

Le charmant village de Chamalières qui projette avec tant de grâce sa silhouette dans les eaux bleues de la Loire a en ce moment l'avantage de posséder un curé qui est en même temps qu'un conseiller dévoué un historien consciencieux et précis de sa paroisse.

Chamalières est mentionné pour la première fois en 927 dans le testament d'Alfred d'Aquitaine, comte d'Auvergne. Par cet acte, il fait don à l'église Notre-Dame du Puy de son alleu de Chamalières. Dix ans plus tard, Godescalk, évêque du Puy, donna la terre de Chamalières à l'abbaye du Monastier qui y établit d'abord un couvent de religieuses, transformé peu

---

(1) SAINT-VINCENT, 1.307 hab. (230 agglom.) Canton de Saint-Paulin. — Eglise romane moderne. — Château de Viage. — Ancien couvent de Haute-Vierge. — Belle Villa (A. Joanne. Géographie de la Haute-Loire, Paris, 1899, p. 63).

(2) VOREY, 2.217 hab. (250 agglom.). Chef-lieu de Canton de l'arrond. du Puy au confluent de la Loire et de l'Arzon. Eglise moderne de style romain (A. Joanne, id. p. 65.)

(3) CHAMALIÈRES, 1076 hab. (203 agglom.) Canton de Vorey (A. Joanne, id. p. 52.)

après en monastère d'hommes, sous la règle de Saint-Benoît et l'invocation de Saint-Gilles.

Aucun texte ne nous renseigne sur l'époque de la construction de sa remarquable église. La chronique du Monastier indique bien qu'à l'époque où elle fut rédigée, c'est-à-dire au début du XIIe siècle, il existait à Chamalières une belle église, mais c'est un texte vague dont on ne peut guère tirer de conclusion.

L'église de Chamalières est l'une des mieux conservées de l'ancien diocèse du Puy. On y constate à première vue la marque d'une transition très caractérisée. La nef, les bas-côtés, le transept et la partie inférieure de l'abside semblent dater de la fin du XIe ou du début du XIIe siècle. La partie haute du chœur et de l'abside a été remaniée à une date évidemment postérieure.

ÉGLISE DE CHAMALIÈRES

Dans son état actuel, l'église de Chamalières comprend une nef de trois travées voûtées en berceau plein-cintre, flanquée de collatéraux recouverts de compartiments d'arête : nef et bas-côtés sont coupés par un transept légèrement débordant, voûté en berceau ; sur ce transept prend naissance une travée de chœur donnant accès à une vaste abside plus large que la nef et les bas-côtés réunis et couverte d'une voûte en cul-de-four.

La nef et les bas-côtés sont éclairés chacun par une fenêtre sur la façade et par une fenêtre à chaque travée ; toutes ces fenêtres sont à plein cintre et à large ébrasement.

Le carré du transept est recouvert d'une coupole ovoïde reposant sur des trompes en cul-de-four.

Sur l'abside prennent naissance quatre petites adsidioles recouvertes chacune d'une voûte en quart de sphère ; elles s'ouvrent sous un arc brisé et reçoivent du jour par une grande fenêtre en plein cintre. Un autre arc, au cintre légèrement surhaussé, est appliqué sur la portière de mur qui sépare les absidioles.

Dans l'axe de la nef on voit une petite niche prise dans l'épaisseur du mur ; ses dimensions sont assez grandes pour qu'on ait pu y placer un autel.

Une corniche sans ornement marque intérieurement le point de naissance du grand cul-de-four de l'abside qui est appareillé d'une façon remarquable ; trois oculi s'ouvrent en pénétration dans cette voûte.

Sur la façade occidentale, de structure assez simple, s'ouvre la porte principale de l'église flanquée de deux colonnettes. Les bas-côtés sont épaulés par des contre-forts surmontés postérieurement de deux tourelles cylindriques.

La façade latérale Sud de la nef est ornée d'arcades. A chaque fenêtre haute de la nef correspond une grande arcade accostée de deux plus petites non percées qui sont alternativement en plein cintre et trilobées. Il semble que l'architecte ait eu l'intention de décorer d'une façon analogue la façade septentrionale, car le même genre d'ornementation existe à la travée la plus rapprochée du transept.

L'ancien clocher, en partie démoli, avait perdu tout son caractère ; il a été reconstruit en 1900, d'après les plans de M. H. Nodot.

A l'intérieur de l'église on remarque : le superbe bénitier supporté par quatre statues d'un grand style, des fragments considérables d'un tombeau de la fin du XIIe siècle, des pilastres et des colonnettes sculptées, une dalle ayant dû servir de devant d'autel, etc.

Sur deux pilliers de transept se voient des vestiges assez importants de peintures ; l'une d'elles représente deux anges en adoration devant une Vierge mère.

Un dernier objet, non moins curieux, est l'ancienne porte en bois de l'église, recouverte de sculptures en faible relief, comme celles du Puy, de la Voûte-Chilhac et de Blesle ; elle paraît remonter au XIIe siècle.

Les bâtiments conventuels sont au Sud de l'église, ils conservent quelques fragments du cloître qui offrent peu d'intérêt. Contre le mur de l'église se trouve un enfeu assez curieux supporté par des colonnettes. On voit encore deux portes de l'enceinte et quelques vestiges des remparts.

Les congressistes ont examiné tout cela en détail, guidé par M. le curé Pontvianne et par M. Lefèvre-Pontalis, dont les explications ont permis à chacun d'accomplir une promenade superbe et en même temps de profiter d'une excellente leçon d'archéologie. (1)

Rentrés au Puy et après avoir déjeûné, les excursionnistes se groupèrent à

---

(1) Bibliographie. — Normand : *Rapport sur l'église de Chamalières,* dans les *Annales de la Société d'agriculture*, etc., Le Puy, t. XVIII, 1853, p. 106 et suiv. — Mandet : *Histoire du Velay*, t. VI. — Chabrier (l'abbé) : *Saint-Gilles, abbé, patron de l'église de Chamalières.* Le Puy, 1885, in-18. — Thiollier : *Architecture religieuse ; l'église de Chamalières-sur-Loire,* 1901, in-4° ; *Chamalières* dans le *Mémorial de la Loire* du 19 novembre 1899. — Pontvianne (l'abbé) : *Histoire de Chamalières,* in-8, 1904.

deux heures près de M. Lefèvre-Pontalis, pour entendre des savantes explications.

La *Cathédrale du Puy* est certainement l'un des édifices les plus curieux et les plus beaux qui aient été construits à l'époque romane. « Les dispositions bizarres y abondent. Le grand porche, pratiqué sous les trois nefs, l'escalier qui, abrité par ce porche, conduisait au centre même de l'église, les coupoles oblongues, contre-butées par les bas-côtés, les clochers à arcades simulés, qui, sur la façade, occupent la place des jumelles, etc., n'ont nulle part d'analogie. »

Aussi les opinions les plus diverses ont-elles été émises sur son âge. Il suffira de rappeler ici que, lors des grands travaux de réparation effectués par M. Mimey en 1865 et 1866, on découvrit les débris très apparents d'une église antérieure et peut-être d'une plus ancienne encore.

Aucun texte ne nous renseigne sur son âge, et son histoire est très mal connue ; notons seulement des mentions de restaurations qui y auraient été faites en 1339, 1377, 1411, 1516 et 1627. D'autres réparations plus importantes, mais simplement exécutées pour consolider l'église, furent entreprises en 1778 et 1781. En 1840, la cathédrale menaçait ruine, et les travaux commencés en 1843 sont à peine terminés. Tout a été reconstruit, à l'exception de la troisième et de la quatrième travée et d'une partie du croisillon septentrional. Sauf pour le chevet et la tour centrale rebâtis d'une façon fantaisiste par les architectes Mimey et Mallay, on semble avoir assez bien suivi les indications fournies par les constructions primitives.

La cathédrale, à l'intérieur, est composée d'une nef de six travées flanquées de bas-côtés voûtés d'arêtes, d'un transept terminé à chaque extrémité par deux absidioles jumelles et d'un chevet carré. Chaque travée de la nef est recouverte d'une coupole octogonale barlonge portée sur des trompes en cul-de-four.

Toutes ces parties ne sont pas de la même époque et il est facile de se rendre compte que la cathédrale du Puy a été construite en trois fois.

La partie la plus ancienne comprend : le chevet, le transept et les deux dernières travées. Les anciennes descriptions de la cathédrale indiqueraient que la construction du chevet était antérieure à l'époque romane ; il était autrefois beaucoup moins haut et se terminait par un mur droit. On doit aussi remarquer l'appareil de la partie inférieure des constructions sous le porche de la place du For, appareil qui se compose de grandes assises avec des trous de crampons, au-dessus desquelles commence le petit appareil allongé.

Cette partie du monument pourrait être fort ancienne. Il existe en outre des traces visibles de remaniement dans les bras du transept : les pieds-droits qui supportent le doubleau de la voûte supérieure ont été manifestement construits après coup.

L'architecte Mallay prétend que la cathédrale se serait composée primitivement de deux travées très basses et recouvertes de voûtes en berceau. La chose est possible, mais il est certain qu'au XIe siècle toute cette partie du monument a dû être reprise. Les piles centrales ont été augmentées sinon refaites. Ce qui reste de cette très ancienne église se réduit donc à peu de chose, et il paraît impossible de faire remonter à une date antérieure à l'extrême fin du XIe siècle, la partie supérieure du transept et de la nef.

Par une disposition fort curieuse, le transept est divisé en deux étages ; à l'étage supérieur du bras Nord on voit d'intéressantes peintures.

Il est assez difficile actuellement de savoir si la tour lanterne a servi de clocher. Viollet-le-Duc l'avait d'abord cru, mais son opinion paraît s'être ensuite modifiée; ce qui est certain, c'est que tout est neuf. Dans sa reconstruction, Mallay a cru devoir élargir la tour lanterne d'un mètre environ, « afin », dit Viollet-le-Duc, qui blâme cette restauration « de la faire porter en plein, sur les grands arcs-doubleaux et les quatre piles du transept » ; en outre, le soubassement de la coupole a dû être élevé de plus d'un mètre au-dessus de son ancien niveau, de manière à ce que son bandeau inférieur fût dégagé au-dessus des faîtages des combles de la nef ».

Ainsi comprise, la cathédrale du Puy occupait toute la partie plane de la montagne. Lorsqu'on voulut l'agrandir vers le milieu du XIIe siècle, on dut construire sur le vide et élever pour soutenir l'église, les premières voûtes du grand porche. Le seconde période de construction comprend la quatrième travée et la troisième, qui subsistent seules dans leur état primitif.

A partir de la troisième travée, on est dans la partie la plus récente de l'église, postérieure d'un quart de siècle au moins de la précédente. Dès lors, un nouveau changement se manifeste, non dans les coupoles mais dans les piliers et la forme des bases. Il se produit une déviation très sensible dans l'axe de l'église. Le plan des piliers devient cruciforme avec une colonne placée dans les angles de la croix, agencement qui a été imité d'une façon frappante à l'église de Polignac. Les bases sont garnies de deux tores dont l'un est proéminent et aplati, placés entre deux listels et séparés par une scotie.

Contre le mur de la façade sont appliquées des arcades dont le cintre est légèrement brisé et qui encadrent trois grandes fenêtres, en plein cintre aux bas-côtés, en arc brisé à la nef.

La sculpture des chapiteaux est assez simple ; dans les deux parties les plus anciennes de l'église, ce sont des feuillages ou des entrelacs peu fouillés, des hommes ou des animaux au milieu de feuilles, de serpents ou des basilics buvant dans un vase ; aux deux premières travées, ils sont bien plus fouillés et les scènes se compliquent : sur l'un d'eux on voit des clercs en adoration devant l'Agneau divin.

Extérieur. — La façade occidentale est remarquable. Elle est composée de trois zones : la zone inférieure comprend trois hautes arcades donnant accès au porche et à ses bas-côtés. La zone moyenne est percée, au-dessus d'un rang de petites arcatures, de trois fenêtres éclairant le fond de la nef : enfin, trois pignons couronnent la partie supérieure. Celui du centre correspond au grand comble, ceux des côtés sont à jour et ressemblent à des clochers arcades. Il serait possible que ces arcatures aient autrefois renfermé des cloches. On remarque sur cette façade l'alternance de pierres de différentes couleurs et des arcs trilobés.

BASILIQUE DE NOTRE-DAME DU PUY — FAÇADE

Quant aux façades latérales, on observera que la nef s'élève au-dessus des bas-côtés, que leurs toitures sont distinctes et qu'il y a, comme à l'intérieur, une différence très sensible de construction au point de raccord de la seconde avec la troisième travée. Les fenêtres ne sont pas toutes semblables. Les deux travées les plus rapprochées du transept sont les plus curieuses : leurs fenêtres, par suite du système des coupoles, sont à un niveau assez bas et surmontées d'un mur élevé ; aussi, pour dissimuler l'aspect désagréable qu'aurait produit cet espace nu, les architectes ont disposé « des panneaux renforcés, pratiqués dans l'épaisseur de la muraille et décorés de mosaïques et de colonnettes ». Cette même décoration se retrouve dans les parties hautes du transept.

Le chevet a été intérieurement reconstruit. Un rapport de Viollet-le-Duc indique que l'architecte n'a pas assez tenu compte des dispositions préexistantes. C'est ainsi qu'on en a doublé la hauteur et que les dispositions des fenêtres a été modifiée ; toutefois les fragments de la grande frise composée d'animaux, et qui remonte à l'époque romane, les ornements en forme d'S et l'inscription intermédiaire existaient tels quels dans la construction ancienne. On a rétabli à sa place primitive une partie de la corniche qui paraît également dater de l'époque romane.

Grand porche. — Lorsque la cathédrale dut, faute d'espace, s'étendre sur le vide, les architectes firent, au porche, des voûtes destinées à la supporter. Ce porche s'étend aujourd'hui sous les quatre premières travées ; il se prolongeait autrefois en droite ligne et aboutissait devant l'autel. Cette ancienne disposition fut supprimée en 1781 époque où l'on fit les entrées actuelles. Les deux premières travées ont été refaites en entier ainsi que la partie correspondante de l'église ; elles comprennent trois nefs et sont entièrement ouvertes. A partir de la troisième travée, les bas-côtés se transforment en petites chapelles voûtées d'arêtes avec arcs latéraux. Ces chapelles sont fermées par des portes qui présentent un intérêt de premier ordre.

Elles sont formées d'une série de planches jointives doublées d'autres planches, reliées aux premières par des clous. Sur celles-ci sont sculptés des sujets d'un faible relief, représentant, au Sud, diverses scènes de la Passion et, au Nord, des sujets ayant trait à la Nativité. La porte Sud est encore entière, quoique la partie du bas soit bien endommagée. Les deux panneaux inférieurs de celle du Nord ont disparu. Chaque sujet est expliqué par une légende tracée en lettres liées d'une façon bizarre. Sur la lunette de bois qui recouvre, à la porte Nord, la jonction des deux battants, on lit :

GAUZFREDUS ME FECIT PETRUS EDI....

Si, comme la chose est possible, le mot Petrus est le nom d'un évêque du Puy, il s'agirait, croyons-nous, de Pierre III (1145-1155) ou de Pierre IV (1159-1189).

Les deux travées suivantes du porche appartiennent à la construction ancienne, elles ne comprennent qu'une nef et sont encore recouvertes de curieuses peintures.

Au delà de la quatrième travée se trouve une jolie porte appelée *porte dorée,* accostée de 2 colonnes en porphyre rouge.

Porche Nord-Est. — Deux autres portes pratiquées dans chaque bras du transept donnent accès dans la cathédrale. Ces portes sont abritées sous des porches remarquables.

Le porche Nord-Est s'ouvre extérieurement par un arc très surbaissé ; il est d'une demi-voûte d'arêtes s'appliquant contre le mur du transept, les doubleaux ont la forme d'un quart de cercle ; au-dessus de ce porche se trouve une salle voûtée en berceau, plein cintre et communiquant avec la tribune du transept. On y remarque une belle cheminée romane avec hotte conique reposant sur de petites colonnettes refouillées et couronnées de chapiteaux.

La porte elle-même ressemble aux portes d'Auvergne, les montants n'en sont ni ornés, ni ébrasés, la baie est amortie par un linteau à dos d'âne sur lequel est représentée la Cène. Sur le tympan, dont le cintre est à la fois surhaussé et outrepassé, on voit le Christ, dans une gloire, accosté de deux anges, le tout se détachant sur un fond orné de mosaïques et de petits trèfles à quatre ou cinq lobes creusés à travers le tympan. La sculpture est plate ; on remarquera aussi les belles peintures de cette porte.

Porche Sud-Est. — Le porche Sud-Est, dont la construction est indépendante de celle de la cathédrale, est un morceau de premier ordre qui ne parait pas antérieur à la fin du XIIe siècle. Le plan est rectangulaire. La voûte, très bien appareillée en moellons de teinte alternativement sombre et claire, est supportée par des ogives qui paraissent être les plus anciennes de la région. Elles se profilent ainsi que les formerets en tores sur chacun desquels sont sculptées trois gorges. Ces ogives sont de deux claveaux ornés d'une rosace, d'une fleurette, d'une étoile ou d'une petite tête.

Le porche s'ouvre, au Sud et à l'Est, par une grande arcade ornée de quatre tores, soit unis, soit décorés de petites gorges. Au-dessous est un arc isolé concentrique, disposé dans un but simplement décoratif. Il « est maintenu au moyen de trois petits pilastres isolés, destinés à empêcher son relèvement ou sa déviation hors du plan vertical ».

Les pieds-droits de l'arc extérieur sont formés au sud-est d'un gros massif de maçonnerie, au Nord-Est et au Sud-Est, de colonnes décorées de gaufrures; l'astragale est taillé sur un plan carré « et la colonnette arrive du cylindre à ce plan carré par un ornement ».

Ce porche abrite deux portes : l'une, plus petite, est surmontée d'un tympan de forme triangulaire sur lequel est gravée l'inscription ; SCUTARI PAPA VIVE DEO. Le tympan, qui porte sur une face une inscription antique, a certainement appartenu à un monument plus ancien. Il est entouré d'une archivolte composée d'une suite d'ornements en forme d'S, analogue à celle du chevet de la cathédrale ; les pieds-droits ont été refaits à une époque moderne. L'autre porte, plus grande, a été ouverte après coup ; elle est entourée d'une double archivolte, l'intérieure décorée de lobes, l'extérieure d'un tore entre deux gorges meublées de sphères, d'étoiles ou de fleurettes.

Au-dessus du porche, une chapelle ouverte snr la tribune du transept Sud se trouve extérieurement décorée d'ouvertures ou d'arcades en arc brisé, entourées de nombreuses voussures toriques reposant sur des faisceaux de colonnettes refouillées avec chapiteaux caractéristiques de la fin du XIIIe siècle ou du commencement du XIVe. A l'intérieur, cette chapelle est couverte d'une voûte en berceau ; au-dessous, des ogives en bois construites au début du XIXe siècle ne supportent rien. Avant les restaurations de la cathédrale, il y avait entre le porche et le chevet une chapelle du XVe siècle, élevée par l'évêque Jean de Bourbon.

Clocher de la Cathédrale. — Le clocher de la cathédrale du Puy, dont la construction est indépendante de celle de l'église, s'élève sur le prolongement oriental du bas-côté nord. Sauf quelques modifications de détail, il était demeuré intact jusqu'en 1887. Comme il menaçait ruine, la reconstruction devenait nécessaire ; on l'a donc entièrement rebâti et c'est une copie assez fidèle de la tour primitive.

« Ce clocher est divisé en sept étages marqués chacun par une légère retraite et se compose à sa base d'une muraille carrée avec quatre piles isolées ; à l'intérieur, des arcs sont bandés des piles aux murs et portent des berceaux perpendiculaires aux quatre murs ; sur ces berceaux reposent les étages supérieurs, qui vont en se rétrécissant jusqu'à l'aplomb des piles. »

Extérieurement, on voit, au rez-de-chaussée et sur chaque face, une arcade doublée qui encadre des portes au Nord et au Sud. Au premier étage, ce sont trois arcatures appliquées; dans celle du milieu s'ouvrent deux baies géminées à cintre surhaussé. Au second étage, se trouvent deux grandes arcades trilobées accostées de colonnettes, et dans chacune d'elles deux étroites fenêtres en plein cintre. Au troisième, c'est une large baie en tiers-points. Une fenêtre trilobée, encadrée par un grand arc brisé, éclaire le quatrième. Le cinquième étage présente une disposition curieuse ; au rez-de-chaussée se trouvent deux petites colonnettes ; un peu en retraite il y en a une autre ; toutes sont reliées par de petits arcs en plein cintre surmontés d'une voûte minuscule en cul-de-four. En plan, cet étage présente « une série de niches intérieures et extérieures, se pénétrant avec beaucoup d'adresse et de manière à reporter les charges sur les angles de la tour » : sur chaque face le cul-de-four supporte un grand gâble dans l'angle est très aigu.

Ce gable, dont le point de départ est marqué par de grosses têtes, cache en partie d'autres ouvertures qui éclairent le sixième étage. Deux fenêtres. en cintre légèrement brisé, ajourent le septième ; enfin une pyramide à quatre pans couronne l'édifice qui a une hauteur de 56 mètres.

L'architecte a dû envisager le rôle définitif que ce monument pouvait être appelé à jouer. Les étages inférieurs étaient desservis par de simples échelles ; les fenêtres sont très petites au premier et au second ; et pour parvenir de celui-ci au troisième, il n'y a qu'une ouverture verticale, où aujourd'hui encore il est difficile de passer, malgré un système perfectionné d'échelles en fer. Les cloches devaient être introduites par la grande fenêtre du troisième étage.

Cloître de la Cathédrale. — Le long du mur septentrional de la cathédrale est adossé un cloître rectangulaire compris entre le musée diocésain et les deux bâtiments qui portent aujourd'hui les noms de chapelle des morts et de salle des États. Il a été, comme tout le reste de l'édifice, profondément remanié. La galerie méridionale, la plus curieuse, avait été démolie au

XVIIIe siècle, et la partie extérieure a été reconstruite presque en entier ; les autres n'ont subi que des remaniements.

Le cloître s'ouvre sur le préau par cinq arcades sur les deux côtés les plus petits et par dix sur les plus longs. A l'angle Nord-Est, les arcades extrêmes sont plus étroites que les autres. Les voûtes des quatre parties, toutes les mêmes, sont composées de petits compartiments d'arêtes reposant, du côté du préau, sur de grosses piles carrées flanquées de colonnes dégagées. Les piles des angles et celles qui supportent la troisième travée occidentale ont une forme irrégulière. Les colonnes des angles ont été placées en biais ; leur disposition fort ingénieuse a permis de construire partout des voûtes d'arêtes d'une régularité parfaite.

BASILIQUE DE NOTRE-DAME DU PUY — CLOITRE

Les piles sont en maçonnerie, les colonnes monolithes, l'astragale est taillé dans le fût. Les arcades sont doublées avec moulure intermédiaire composée d'un tore à la partie la plus ancienne, et ailleurs de fuseaux juxtaposés.

Viollet-le-Duc attribuait au Xe siècle la galerie adossée à la cathédrale et croyait les autres du XIIe siècle.

Une des travées de la galerie orientale, trois de la galerie occidentale, font partie de la construction plus ancienne. A l'Ouest, la place du raccord est facile à voir. C'est le seul endroit où les archivoltes ont deux sommiers distincts, et où l'on voit deux colonnettes géminées paraissant réunies entre elles par une lanière ou une cordelette. Mais de ces différences de détail, faut-il conclure qu'on a mis deux siècles à élever les constructions ? Nous ne le croyons pas, et le cloître ne nous paraît pas antérieur à la partie de la cathédrale à laquelle il est adossé. Cette galerie serait donc de l'extrême fin du XIe siècle et on aurait construit les autres dans le cours du XIIe siècle (1).

Malgré les instructions formelles de Viollet-le-Duc, on a remplacé un certain nombre de chapiteaux. Il est facile cependant, par la simple inspection des chapiteaux et de la corniche, de se rendre compte de la marche de la construction et des perfectionnements apportés à la sculpture.

---

(1) Le P. Cailleau et après lui le chanoine Bonnefoy citent, sans en indiquer la source, une donation faite en 1134, pour construire une des galeries du cloître.

Les chapiteaux et la corniche forment un ensemble incomparable; les chapiteaux sont ornés les uns de feuillages, les autres de scènes historiques, mais la sculpture des feuillages est généralement plus belle.

La toiture s'arrêtait autrefois au ras de la corniche.

Chapelle des Morts. — Le bâtiment dit *Chapelle des Morts* se trouve à l'Est du cloître, dans le prolongement du bras Nord du transept. Le rez-de-chaussée communique avec le cloître par six arcades au milieu desquelles est ouverte une belle porte. C'est une vaste salle couverte d'un berceau brisé, divisé par un doubleau. Sur le mur adossé en transept se trouve une grande peinture représenant le crucifiement et paraissant dater du XIIIe siècle. Cette salle occupe la place habituelle de la salle capitulaire; la dénomination actuelle doit provenir des nombreuses sépultures qu'elle renfermait.

Au-dessus, dans une pièce sans caractère, se trouve une belle cheminée romane « tracée sur plan circulaire, le foyer formant un segment, le cercle et le manteau, l'autre segment ». Cette cheminée est terminée au-dessus du pignon de la salle à laquelle elle est adossée par un beau tuyau cylindrique bâti en assises de pierres noires et rousses alternées, avec mitre en forme de lanterne couverte par un cône.

Dans les combles se trouve une fresque représentant deux personnages jouant aux échecs.

Enfin deux jolies fenêtres romanes s'ouvrent sur le mur septentrional.

Musée Religieux. — Les constructions adossées à la galerie septentrionale du cloître, malgré leur ancienneté, n'offrent qu'un médiocre intérêt archéologique, mais dans la salle supérieure l'administration diocésaine a installé, sous la direction du savant M. Giron, un musée religieux qui renferme déjà des pièces fort intéressantes. Nous citerons notamment une belle tapisserie fleur-de-lisée aux armes de l'évêque Jean de Bourbon et d'autres étoffes ou broderies plus récentes, une châsse en émail de Limoges (XIIe ou XIIIe siècle) et divers autres objets d'orfèvrerie religieuse ; une croix écotée en bois du XV[s] siècle (?) ; plusieurs sculptures de Vaneau, notamment un portrait de Mg. de Béthune, et deux soldats sculptés sur bois et destinés au tombeau de prélat ; un curieux encensoir roman ; des fragments de stalles ; une clochette pourvue de sortes de griffes dans la partie inférieure ; des plaques de cuivre gravées en taille douce par des artistes locaux ; six croix processionnelles provenant d'églises de la région, etc.

Trésor de la Cathédrale. — En plus d'une belle peinture représentant une *pieta*, le trésor de la cathédrale possède une célèbre bible manuscrite exécutée au IX siècle par l'évêque d'Orléans, Théodulphe, ou sous sa direction, et qui a été citée par M. Léopold Delisle comme « le plus magnifique monument de la calligraphie du temps de Charlemagne », et un assez joli reliquaire du XVe siècle en cuivre repoussé. On doit enfin mentionner les brasseries du buffet d'orgues et de la chaire.

Bâtiment des Mâchicoulis. — La vaste construction connue sous le nom de bâtiment des mâchicoulis a été élevée en deux fois. Elle fut montée à l'époque romane jusqu'au point ou l'on voit encore, sur le cloître, une série de modillons ; puis surélevée plus tard pour un usage défensif.

L'intérieur a également subi quelques modifications. Il comprend aujourd'hui quatre étages dont deux sont au-dessous du niveau du sol de la cathédrale, mais autant qu'on peut en juger, le premier a été séparé en deux, tandis qu'on a fait disparaître un plancher qui divisait le troisième étage actuel.

On pénètre dans l'étage inférieur par l'hôpital en descendant quelques marches. C'est une vaste salle restangulaire bâtie sur le rocher ; elle est très basse et recouverte de voûtes reposant sur des ogives de profil torique avec ressaut rectangulaire.

Ces voûtes ont donc été ajoutées après coup au XIVe siècle. Ou doit signaler à l'intérieur de cette salle un cuvage pour la fabrication du vin. Les cuves au nombre de trois sont construites en belles pierres de taille avec un fouloir disposé entre chacune d'elles d'une façon à la fois originale et pratique. Il est assez difficile d'indiquer la date de ce cuvage, il paraît antérieur au XVIe siècle. C'est en tout cas un monument fort curieux et que personne n'avait signalé.

Le second étage, auquel on pénètre également de l'hôpital par une porte étroite, est couvert d'une voûte en berceau supportée par quatre doubleaux, reposant sur des pilastres avec chapiteaux sculptés de têtes et de feuillages du côté Ouest ; à l'Est il n'y a pas de sculptures.

Le troisième étage est au même niveau que la cathédrale. C'est une vaste salle dont la voûte en berceau brisé est renforcée par des doubleaux reposant sur des colonnes engagées qui prennent naissance sur des pilastres. En 1848, cette salle était divisée en deux étages, disposition qui devait être, car elle a deux rangs de fenêtres ; en outre les pilastres qui supportent les colonnettes ont des tailloirs très saillants destinés à soutenir des poutres. Les murs sont décorés de très belles peintures du XVIe siècle qui représentent les arts libéraux.

Le quatrième étage est pourvu extérieurement d'un rang de mâchicoulis fort curieux formés de parapets portés sur les arcs reposant, d'une part sur les contreforts, de l'autre sur des consoles formées de plusieurs assises pourvues de bretèches reposant également sur des assises en encorbellement.

Hôpital du Puy. — L'hôpital du Puy, qui est de fondation très ancienne, conserve encore, rue de Bec-de-Lièvre, une vaste salle voûtée et de belles portes. La première est divisée en deux nefs par un pilier central, elle est recouverte de voûtes sur croisillons d'ogives qui paraissent remonter à la fin du XIIe siècle.

Les portes sont deux monuments fort curieux de la fin de l'époque romane ; l'une est encadrée d'une triple voussure reposant sur des chapiteaux ornés de têtes ou de feuillages, l'autre est remarquable par ses deux chapiteaux. Sur l'un on voit un personnage distribuant des pains, on y lit l'inscription *Karitas;* sur l'autre, quatre personnages soignent un malade alité. La porte elle-même est pourvue de peintures remarquables. (I)

Chapelle Saint-Jean. — Construite au nord de la cathédrale, cette chapelle a servi jusqu'à la fin du XVIIIe siècle de baptistère unique aux paroisses du Puy. La voûte actuelle est de beaucoup postérieure au reste de l'édifice. Le chroniqueur Médicis (2) rapporte que la voûte ancienne fut détruite par un tremblement de terre en 1427. Elle ne s'écroula cependant pas en entier, car il en existe des traces bien apparentes sous les combles actuels : c'est là qu'on peut se rendre compte des dispositions primitives de la chapelle qui se composait originairement d'une première travée voûtée en berceau, séparée par un doubleau très large d'une seconde travée recouverte d'une voûte des plus curieuses. C'était, selon toute vraisemblance, une sorte de coupole à six pans, établie d'après un procédé insolite. Le long des murs latéraux on avait disposé des arcs épais, à chaque extrémité, de 1^{m},50 à 1^{m},40, et se réduisant au centre d'une épaisseur de 0^{m},15 à 0^{m},20 : on arrivait ainsi à avoir dans les

(1) Bibliographie de la Cathédrale du Puy. — Outre les ouvrages généraux dont les principaux sont : *l'Histoire de Languedoc* et la *Gallia christiana*, on peut indiquer *Les anciennes histoires de Notre-Dame du Puy*, dont une édition critique a été donnée par M. Charles Rocher en 1887. Le Puy, Marchettou, in-8°. Extrait des *Mémoires de la Société Agricole et Scientifique de la Haute-Loire.* — Taylor et Nodier : *Voyages pittoresques*, etc., t. II. — Miolet et Mandet. *L'ancienne Auvergne et le Velay*, Moulins, 1848. Mandet : *Histoire du Velay*, t. II et VI. Le Puy, 1862, in-12. — *Le Livre de Podio ou Chroniques d'Etienne Médicis*, publiées par Augustin Chassain, 2 vol. Le Puy, 1869 et 1874, in-4°. — Mérimée : *Notes d'un voyage en Auvergne.* — Aymard : *Découvertes d'antiquités à la cathédrale du Puy. Mémoires de la Société Académique du Puy*, 1867. — Viollet-le-Duc : *Dictionnaire raisonné.* — Caillon (le P.) : *Les Gloires de Notre-Dame du Puy.* Le Puy, 1846. — Mallay : *Monographie de Notre-Dame du Puy*, publiée par Noël Thiollier. Le Puy, 1904, in-8°. — Thiollier (Noël et Félix) : *L'Architecture religieuse à l'époque romane dans l'ancien diocèse du Puy.* Le Puy, 1900, in-4°. — Bonnefoy (le Chanoine) : *La Cathédrale du Puy, Histoire et Archéologie.* Le Puy, 1903, in-16.

(1) Bibliographie. — *Chroniques d'Etienne Médicis*, t. II, p. 173. — Payraud (l'abbé). *Tablettes historiques de la Haute-Loire*, t. Ier. Le Puy, 1871, p. 253. — Thiollier (N. et F.). *Architecture religieuse*, p. 68 à 70.

angles une partie proéminente sur laquelle on pouvait construire un des pans de la coupole.

L'abside a conservé en partie sa disposition ancienne ; il semble cependant qu'à l'origine elle ait été pourvue de cinq niches prises dans l'épaisseur du mur ; il n'en subsiste que quatre. Au-dessus de ces niches se trouve une série d'arcatures en plein cintre.

Deux portes anciennes donnent accès dans la chapelle. Celle du sud a été retouchée après coup, elle était peut-être précédée d'un porche ; l'autre se trouve à l'ouest ; elles sont toutes deux dépourvues d'ornements.

A l'extérieur le chevet est plat et légèrement incliné du sud-est au nord-ouest. Peut-être présentait-il trois pans à l'origine ; il serait possible que le mur terminal de cette chapelle qui se trouvait sur la ligne des remparts ait été augmenté après coup.

La cuve baptismale ancienne se trouve dans une niche ouverte dans le mur septentrional ; elle a extérieurement une forme pyramidale ; elle est accostée d'une piscine et mesure dans sa plus grande largeur $2^{m},20$ y compris la piscine ; en plan, elle présente à l'intérieur l'image d'un quatre-feuilles mesurant $1^{m},26$ dans un sens et $0^{m},84$ dans l'autre ; sur le rebord est sculpté un animal, sorte de serpent ou de salamandre d'aspect très barbare. La piscine circulaire mesure $0^{m},32$ de diamètre.

Tout dans cet édifice a un aspect archaïque, il n'y a point de sculpture en dehors des chapiteaux ; les joints sont assez épais et tous les arcs en plein cintre. La chapelle n'est certainement pas postérieure au XIe siècle.

Plus loin à gauche se trouve l'Eglise des pénitents, assez curieuse, occupant une partie de l'ancien Hôtel d'Allègre ; les murs paraissent anciens, mais la chapelle a été entièrement restaurée au XVIIIe siècle. La porte est flanquée de deux colonnes torses. L'intérieur possède une série de toiles de valeur inégale, les frères Français, Maurice Buffet, Servan et Staron. Le plafond serait l'œuvre de Guy François ; il se divise en 44 caissons symétriques et richement ornés.

Dans un bâtiment annexe, d'autres peintures représentent les prophètes.

Deux beaux flambeaux en bois sculpté sont attribués au sculpteur Vaneau (1).

Près de la cathédrale, l'*Évêché*, reconstruit dans ses parties apparentes aux XVIIIe et XIXe siècles, n'a d'intéressant qne la vue admirable dont on jouit de ses jardins.

Le *grand séminaire*, sur la place de ce nom, édifice sévère.

---

(1) BIBLIOGRAPHIE. — *Chroniques d'Etienne Médicis*, t. II, page 173. — Payard (l'abbé). *Tablettes de la Haute-Loire*, t. I, Le Puy, 1871, p. 253. — Thiollier (N. et F.). *Architecture religieuse*, p. 68 à 70.

Le *Couvent de l'Instruction,* qui a fourni depuis 1668 un essaim de filles pieuses sous le nom de Béates, chargées de répandre l'instruction élémentaire au sein des plus pauvres villages. C'est un majestueux monument du XVIIe siècle.

Dans ces diverses périgrinations, les Archéologues auxquels MM. Lefebvre-Pontalis et Thiollier donnaient d'intéressantes et nombreuses explications, se sont convaincus une fois encore que le Velay vaut la peine d'être visité.

Après le dîner bien gagné, les congressistes se dirigèrent vers la salle des séances.

M. le Marquis de Fayolle présidait.

M. l'abbé Achard, curé de Loudes, a donné lecture d'une communication très étudiée et de forme très historique sur les reliques de *saint Hilaire* et *de saint Georges* et leur transfert au Puy sous l'épiscopat de l'évêque Norbert.

M. de Saint-Venant a entretenu l'assemblée du *Castelas de Belvezet* et M. Lefèvre-Pontalis de l'utilité de réaliser la revision de la carte des monuments historiques.

M. Antoine Jacotin a lu un subtantiel rapport sur les études archéologiques de la Société agricole et scientifique, des *Tablettes historiques* et de *Velay-Revue*.

La séance s'est terminée par des projections à la lumière oxhydrique de nombreux clichés de M. Félix Thiollier, exécutés par M. André Boyer.

SAMEDI 25 Juin. — 6 h. 30, *Départ par train spécial. Arrivée à Chanteuges* à 8 h. 34. *Visite à l'église.* — 10 h. 36, *Départ en chemin de fer. Arrivée à Brioude* à 11 h. 38. *Déjeuner*, à 1 heure 1/2. *Visite de l'église Saint-Julien.* — 3 h. 52. *Départ en chemin de fer. Retour au Puy* à 6 h. 43. — 9 heures. *Réunion du Conseil d'administration de la Société au grand hôtel Garnier.*

Les promenades antérieures avaient montré aux congressistes le Nord et l'Est du département, l'excursion de samedi leur a fait voir la partie occidentale qui n'est ni moins belle ni moins intéressante que les autres, encore qu'elle en diffère complètement par la nature comme par ses monuments.

A 6 h. 30, les congressistes attendaient à la gare le départ du train spécial qui devait les conduire dans une contrée nouvelle en passant par Borne Darsac (1), Fix-Saint-Geneys (2), Rougea

---

(1) Ut Supra.

(2) FIX-SAINT-GENEYS, 525 hab. Canton d'Allègre, sur un coteau (belle vue) dominant les sources de la Fioule. (A. Joanne, Géographie de la Haute-Loire, 1893, page 53).

(Commune de Saint-Eble (1), Saint-Georges d'Aurac (2), Langeac (3), Chanteuges (4).

C'est au milieu d'une nature remarquable comme géologie que s'élève Chanteuges.

Chanteuges fut originairement une abbaye fondée en 936 par Claude, seigneur de ce lieu, et peuplée par des moines de Saint-Géraud d'Aurillac; mais la vie conventuelle ne tarda pas à s'y relâcher; une partie des moines se révoltèrent contre l'abbé Raymond, qui dut se retirer à La Chaise-Dieu, à qui il donna son abbaye en 1137. Le texte de la charte de donation indique que les bâtiments monastiques étaient dans un état voisin de la ruine, et il paraît fort probable que l'église actuelle fut construite quelque temps après l'union de Chanteuges à la Chaise-Dieu.

Eglise prieurale.— L'église de Chanteuges est un édifice fort intéressant du XIIe siècle; elle comprend une nef de quatre travées flanquées de bas-côtés; il n'y a ni chœur ni transept; l'abside et les absidioles s'onvrent directement dans le prolongement de la nef et des bas-côtés. La voûte de la nef a été remplacée vers le commencement du XVIe siècle par une voûte sur croisées d'ogives, élevée par l'abbé de La Chaise Dieu, Jacques Sénectaire, dont les armes sont sculptées sur les clefs. Il ne paraît pas que cette voûte ait été portée plus haut que l'ancienne, car on a utilisé les mêmes chapiteaux. Les bas-côtés ont conservé leurs voûtes d'arêtes primitives; elles sont barlongues, très surbaissées et tellement plates que l'arête en est parfois imperceptible. L'abside, qui n'est précédée d'aucun arc saillant, est voûtée en cul de four, elle est éclairée par une large fenêtre agrandie après coup et percée dans l'axe de la nef; elle est demi-circulaire sur ses deux faces. Les absidioles, en hémicycle à l'intérieur et rectangulaires en dehors, sont décorées d'une série d'arcatures en plein cintre; eles s'ouvrent sous un arc surhaussé et doublé dont le ressaut se profile en tore.

---

(1) Saint-Eble. 629 hab. Canton de Langeac. Rougeat. Dans un champ de pierre des fées, douze peulvens (monument historique) forment des alignements. Le volcan éteint du Coupel (802 mètres) renferme beaucoup d'ossements fossiles. (A. Joanne, id., page 61).

(2) Saint-Georges d'Aurac. 924 hab. Canton de Paulharquet. — Eglise moderne, style normand. A 3 kil. E. Château de Chavagnac, où naquit Lafayette. (A. Joanne, id. page 61).

(3) Langeac. 4.391 hab. (3.267 agglom.). Chef-lieu de canton, arrondissement de Brioude (deux ponts suspendus), au pied d'une montagne couronnée par les croix d'un calvaire. Dolmen (monument historique). (A. Joanne, id., page 54).

(4) Chanteuges. 726 hab. Canton de Langeac. (A. Joanne, id., page 52).

Les piliers sont formés d'un massif rectangulaire flanqué sur chaque face de colonnes engagées. Les demi-colonnes, adossées aux murs des bas-côtés, reposent, comme à Chamalières, sur des socles très élevés. Les piliers les plus rapprochés de la façade semblent avoir été renforcés après coup. Les doubleaux sont simples et décrivent une courbe en plein cintre surhaussé ; les grandes arcades sont doublées et en plein cintre. Les fenêtres de la nef ont été murées lorsque l'on a surélevé les bas-côtés ; celles du bas-côté nord ont été également murées.

La décoration sculpturale est assez riche. On remarquera surtout des feuillages bien fouillés et d'un grand style, des oiseaux aux ailes éployées ou becquetant des fruits, des représentations de l'avarice, du bon- pasteur, etc.

Quoique bien délabré, l'extérieur ne manque pas de caractère. La façade placée en biais, est inclinée dans la direction du Nord-Ouest ; elle était naguère précédée d'un porche dont il subsiste les amorces.

Deux portes donnaient accès à l'église, l'une sur la façade occidentale, l'autre, actuellement murée, s'ouvrait sur la deuxième travée de la façade Nord.

Le clocher actuel, qui parait avoir été remanié sinon refait après coup, s'élève sur la première travée au bas-côté Nord.

L'église possède encore d'assez jolies stalles en bois sculpté.

On peut voir, le long de la façade septentrionale, quelques restes des bâtiments conventuels.

Chapelle de l'abbé. — Le monument désigné sous ce nom est une élégante construction du début du XVe siècle. Elle fut élevée par Jacques de Sénectaire, dernier abbé régulier de La Chaise Dieu. C'est un édifice à une nef d'une seule travée avec abside à pans. On remarquera surtout les délicates sculptures de l'encadrement des portes (1).

Tunnel de Saint-Arçon (60 mètres).

Il fallait passer vite du reste, car à midi on devait être à Brioude (2).

Les congressistes y furent reçus à la gare par M. Monatte, premier adjoint au maire, représentant la municipalité.

---

(1) Bibliographie. — Taylor et Nodier. *Voyages pittoresques. Auvergne*, t. II, p. 94. — Michel et Mandet. *L'Ancienne Auvergne et le Velay*, 2 pl. — Branche (Dominique). *Monuments historiques de la Haute-Loire*, dans *Bulletin monumental*, VIII, 1841. — Mandat. *Histoire de Veley*, t. VI. — Grellet (Félix). *Chanteuges, son histoire, ses antiquités et ses traditions*. Le Puy, 1841, in-8°. — Thiollier. *Architecture réligieuse*, p. 101, fig. et pl. — Id. *Chanteuges*, dans le *Mémorial de la Loire* du 18 Janvier 1903.

(2) Brioude, 4.963 hab. (4.661 agglom.). Chef-lieu d'arrondissement, à 2 kil. de l'Allier. (A. Joanne, Géographe de la Haute-Loire, 1899, p. 50).

Le déjeuner eut lieu aux hôtels du Nord et du Commerce.

Au dessert M. Monatte, au nom de la municipalité et de la ville de Brioude, après avoir souhaité la bienvenue aux congressistes, remercia les savants archéologues de leur visite.

Prenant ensuite la parole, M. Lefèvre-Pontalis, président de la Société, remercia la municipalité de la ville de Brioude de son bon accueil, et salua spécialement M. Paul Le Blanc, le vénérable et savant archéologue auquel les chercheurs doivent tant et qui fait partie des Congrès depuis cinquante ans.

Nous nous rendons ensuite à la basilique que nous visitons avec beaucoup d'attention.

Brioude, comme son nom l'indique, remonte à l'époque gauloise. Il semble pourtant que la bourgade primitive connue sous le nom de *Brivas* se trouvait à 3 kilomètres et demi de la ville actuelle, au village qui porte aujourd'hui le nom caractéristique de Vieil-Brioude, où l'on voit encore les vestiges d'un pont très ancien.

Brioude devint célèbre à cause du pèlerinage au tombeau de saint Julien, qui avait été martyrisé en 303, à un kilomètre environ de la ville, sur l'emplacement où se trouve la jolie fontaine romane de Saint-Ferréol. Son corps et celui de saint Ferréol furent ensevelis à Brioude, et sur leur tombeau s'éleva une église dont Grégoire de Tours vante la beauté.

Dans les siècles suivants la ville fut successivement prise et dévastée par les Visigoths, les Burgondes et les Sarrazins ; l'église fut reconstruite vers l'année 825 par Béranger, comte de Toulouse. Brioude fut ensuite assiégée et pillée en 1162 par Etienne de Mercœur, évêque de Clermont, et par Seguin de Badefol, vers 1360.

Malgré son ancienneté, Brioude ne possède qu'un monument réellement intéressant : l'église Saint-Julien. Cet édifice appartient à deux époques distinctes. La partie la plus ancienne comprend la façade, le narthex et les quatre premières travées. La dernière travée, le clocher et l'abside sont postérieurs d'un demi-siècle au moins.

Une bulle du pape Alexandre IV, du 9 août 1259, accorde des indulgences à ceux qui contribueraient par leurs aumônes aux travaux entrepris à l'église de Brioude. Plusieurs auteurs ont pensé qu'il s'agissait de la construction du chœur et de l'abside, qui est romane, ainsi que le fait remarquer M. de Lasteyrie ; il s'agit donc de la réfection des voûtes de la nef.

L'église Saint-Julien comprend un narthex, une nef de cinq travées flanqués de collatéraux, un transept non débordant et une vaste abside.

Le narthex ou porche intérieur est divisé en trois nefs embrassant toute la largeur de l'église. La travée centrale est voûtée d'arêtes assez grossières ; aux travées latérales, la voûte se compose d'un berceau transversal à l'axe de l'église avec des pénétrations dans le sens de l'axe des collatéraux.

Les bas-côtés de l'église sont très larges ; ils sont couverts de voûtes d'arêtes irrégulières, ou plutôt comme au narthex de berceaux transversaux à l'église avec pénétration dans le sens de la longueur.

ÉGLISE DE BRIOUDE

Le clocher s'élève sur la travée qui précède l'abside ; l'étage inférieur, rectangulaire, faisait lanterne éclairée par de grandes fenêtres à cintre brisé sur les trois pans ouvrant à l'extérieur. On voit aussi une fenêtre du côté de la nef ; par une disposition assez curieuse le mur dans lequel elle est ouverte est percé d'un étroit passage qui fait communiquer les deux côtés de l'église. Pareille disposition est répétée deux fois à la cathédrale du Puy. L'étage inférieur du clocher est voûté sur branches d'ogives de profil torique qui aboutissent à une ouverture circulaire destinée à laisser passer les cloches. Les bras du transept sont bien plus élevés que les bas-côtés, afin de contrebuter la poussée du clocher. Ils sont divisés en deux étages ; et l'étage supérieur, voûté en berceau, s'ouvre du côté de l'église par une grande arcade reposant sur des pilastres cannelés. Le transept de la cathédrale du Puy et celui de Saint-Paulien sont aussi divisés en deux étages. Dans la tribune Nord se trouve une curieuse cheminée avec hotte conique.

Le chœur est entouré d'un déambulatoire dont il est séparé par des colonnes isolées et qui communique avec cinq chapelles rayonnantes : quatre sont voûtées en cul-de-four ; la voûte de celle qui se trouve dans l'axe de l'église est renforcée par des ogives à tores accolés.

Sous le chœur se trouve une petite crypte où il est assez difficile de pénétrer.

Les murs qui divisent le premier étage du narthex paraissent avoir été construits après coup. Dans la partie méridionale de la chapelle supérieure, on voit de fort curieuses peintures représentant le jugement dernier. Les unes paraissent remonter à la fin de l'époque romane, d'autres ne semblent pas antérieures au XVe siècle. Des peintures décoraient aussi les adsidioles.

Un clocher rectangulaire s'élève au-dessus du narthex ; il a été reconstruit par Mallay, au cours des grandes restaurations entreprises en 1861. Cet architecte paraît avoir assez bien suivi les dispositions anciennes.

La façade a été sensiblement modifiée. La fenêtre centrale du premier étage n'avait pas de colonnettes et les portails, qui n'existent plus, ont été reconstruits d'une façon fantaisiste. Les façades latérales ont été respectées. Dans la partie ancienne elles sont construites en moyen appareil à joints épais. Les fenêtres sont dépourvues d'ornement. M. Vernière a observé, au cours des restaurations, que les fondations de la partie ancienne de l'église étaient en pierres de taille de grand appareil. Dans la partie plus récente, les fondations sont en moellons.

Le point de jonction des deux époques de travaux est également visible à l'extérieur, surtout du côté Nord ; elle est pourvue d'un arc détaché de la muraille formant machicoulis. Des machicoulis de même nature existent aux deux bras du transept.

L'extérieur de l'abside est certainement la partie la plus intéressante de l'église. Les chapelles rayonnantes sont épaulées par des contreforts rectangulaires partant d'un bahut continu ; une légère retraite se produit dans le mur à partir du bas des fenêtres. Celles-ci sont très ornées, entourées d'une double archivolte dont l'intérieur et l'extérieur, décorés d'ornements divers, retombent sur un ressaut du mur. Les fenêtres de la chapelle la plus septentrionale sont décorées de bâtons brisés, motif rare en Auvergne mais fréquent dans le Velay. La corniche qui couronne les absidioles est très riche ; elle repose sur des modillons tous différents et d'un grand caractère, les uns sont ornés de copeaux, les autres de têtes. La plate-bande qui les sépare porte également des sculptures finement exécutées.

Les fenêtres qui éclairent le rond-point du chœur sont accostées d'arcatures aveugles plus petites ; entre ces fenêtres et la corniche on remarquera une bande de mosaïque formant des dessins géométriques en pierre noire sur fond blanc.

Deux beaux porches, l'un au Sud, l'autre au Nord, donnent accès dans l'église. Ils s'ouvrent sous des arcades en plein cintre et reposent sur des colonnes engagées dont les bases sont enterrées. Le tympan du porche nord était orné d'une série de personnages en stuc fixés à la pierre au moyen de clous. Cette décoration, rare et curieuse, a disparu à une époque assez récente; une gravure de 1831 la représente intacte.

Ces porches conservent encore quelques traces de peintures.

Les anciennes portes existent encore ; celles du porche nord étaient recouvertes de peau et sont pourvues de leurs anciennes peintures. C'est là que se trouvent les fameuses têtes de bronze tenant un anneau dans leur bouche ; l'une porte l'inscription :

ORIOR EXAMINIS VITAM DAT SP̂S ORIS

l'autre :

ILLECEBRIS ORIS CAPTOS FALLAX TRAHIT ORBIS

et en dessous :

GERALDUS ME FECIT.

Enfin, dans l'intérieur de l'église, on remarquera un très beau retable en bois sculpté, exécuté par Vanneau, de 1693 à 1695, le bas-relief du maître-autel, œuvre du XVIIe siècle, représentant un vœu fait par Charles VI à l'église de Brioude, un tableau attribué à Jouvenet ; à la sacristie, deux têtes d'animaux en bronze aussi anciennes mais moins intéressantes que celles restées en place.

Dans la ville on trouve encore quelques maisons anciennes, notamment place de la Fénerie.

Le couvent des Cordeliers, à l'extrémité sud de la ville, est transformé en habitation particulière.

Une partie des constructions remonte au XIVe siècle.

Dans la chapelle de l'hôpital, un christ lépreux, provenant de la léproserie de Bajasse, paraît dater du XVe siècle ; la tête a une expression de douleur intense.

Citons encore le *Palais de justice* et l'*Hôtel de ville*, sur une terrasse plantée d'arbres (belle vue). *Etablissement hydrothérapique*, etc. (1).

Nous quittons Brioude par le train de 3 h. 50, pour rentrer au Puy à 7 heures, emportant de notre promenade le souvenir charmant d'une bonne journée.

---

(1) BIBLIOGRAPHIE. — Taylor et Nodier. *Voyages pittoresques, Auvergne*, t. II. — Saint-Ferréol (Amédée): *Notices historiques sur la ville de Brioude*, t. I, 1881, in-8°. — Coupe (C. N.). *Les restaurations de l'église de Brioude* (1896). — Mérimée. *Notes d'un voyage en Auvergne.* — Muller (l'abbé Eug.). *Quelques souvenirs d'Auvergne* (1887). — Talayrat (le baron). *Notice historique sur l'église et le chapitre de Brioude.* Le Puy 1819. — Giron (Léon). *Monographie des peintures de la Haute-Loire*, dans *Réunion des Sociétés des Beaux-Arts des départements, année 1887*. — Lasteyrie (R. de). *Inscription énigmatique sur un chapiteau de Saint-Julien de Brioude*, in-8°, fig). — Mandet. *Histoire du Velay*, t. VI, p. 195-234. — Paul Le Blanc. *Bulletin monumental*, t. XXIV, 1858. — Anonyme. *Une bulle du pape Alexandre IV concernant l'église Saint-Julien de Brioude*, s. d. — Desroziers (l'abbé). *Rapport sur les peintures murales de l'église Saint-Julien de Brioude*, dans le *Congrès scientifique de France*, XXIIe session, Le Puy, 1856. — Rochemonteix (le Vicomte de). *Le Christ des lépreux de la Béjasse*, dans *le Bulletin de la Société nationale des Antiquaires de France*, année 1899.

La soirée étant libre, les voyageurs purent dîner tranquillement et prendre leur café longuement sur la terrasse du café de Paris, vis-à-vis la Préfecture, le quartier le plus animé de la ville.

DIMANCHE 26 Juin. Journée réservée aux excursions individuelles. On peut indiquer: En chemin de fer : 1° *l'Eglise de Retournac et ses environs pittoresques ;* 2° *Yssingeaux et le pont de l'Encauste* (train à 8 h. 50). En voiture : 1° *Le château de Saint-Vidal ;* 2° *La Chartreuse, Brives-Charensac ;* 3° *Château d'Arlempdes, Done, Saint-Germain. Laprade et Saint-Julien-Chapteuil ;* 4° *Bains, Saint-Bomy et Chaspuzac.* — 7 heures : *Banquet au grand hôtel Garnier.*

Les journées précédentes avaient été très fatigantes, la chaleur était grande, le besoin de repos fit faire la grasse matinée à bon nombre de congressistes. Plusieurs quittèrent le Congrès, d'autres allèrent faire des excursions à Yssingeaux, etc., d'autres en voiture allèrent déjeuner frugalement à la campagne. Beaucoup restèrent au Puy pour revoir les monuments qu'on n'avait pu voir qu'imparfaitement en commun et visiter ce que le temps ne nous avait pas permis de voir jusqu'ici. Je fus du nombre de ces derniers. J'assistais à la grand'messe de la Cathédrale où les cérémonies se font avec beaucoup de soins.

STATUE DE NOTRE-DAME DE FRANCE

C'est dans la Cathédrale, au centre du chœur, sur l'autel, que trône l'image vénérée de la Vierge, dominée par la grande coupole du dôme.

De temps immémorial existe le pèlerinage à cette vierge noire, à Notre-Dame du Puy, dont la statue colossale, dite Notre-Dame de France, fut érigée en 1860 sur le rocher Corneille. Cette statue fut fondue à l'aide de 212 canons russes pris à Sébastopol, d'après une maquette de Bonnassieux. L'initiative appartient au célèbre prédicateur Combalot, qui fit accepter ce projet à la suite d'une mission prêchée au Puy et qui obtint de Napoléon III les canons de Sébastopol. La statue a 16 mètres de hauteur, à elle seule elle pèse 110.000 k. et repose sur un piédestal octogonal en pierre avec revêtement en fer haut de 6^{m},70. De son sommet où l'on parvient de l'intérieur par des escaliers en pierre et en fer, la vue est très remarquable sur la ville et sur tout le bassin du Puy. Devant la Vierge, une statue en bronze représente, agenouillé, Mgr de Morlhon, sous l'épiscopat duquel eut lieu l'érection de la statue. C'est à Notre-Dame de France que se rattache, comme à sa véritable origine, le mouvement de piété chrétienne qni a fait dresser sur un grand nombre de hauteurs ou de vieux édifices, dans toute la France, des madones plus ou moins colossales.

Dans cette promenade à travers la ville du Puy, j'ai aperçu l'indication *rue de Lille;* rien ne m'a été plus agréable que ce souvenir de ma ville natale.

Une autre surprise m'attendait : à la vitrine d'un libraire était exposée une brochure intitulée : *Pierre d'Ailly, évêque du Puy, évêque de Cambrai et cardinal* (*1350-1420*), *par l'abbé Pontvianne, professeur à la Chartreuse* (aujourd'hui curé de Chamalières-sur-Loire). Le Puy, 1898, 62 p. in-8°, deux portraits.

Aussitôt j'achetais ce volume qui me rappelait Lille, je me reposais en coupant les pages et je constatais avec plaisir que les excellents travaux de MM. les chanoines Rambure et Salembier, de l'Université catholique de Lille, avaient servi de bases au travail de l'auteur.

Le déjeuner et une promenade en voiture dans les environs de la ville me firent attendre l'heure du banquet, qui eut lieu à 7 heures à l'hôtel Garnier où j'étais descendu, et réunit quatre-vingts couverts.

M. Lefèvre-Pontalis présidait. Il avait à sa droite M. le Docteur Coiffier, maire du Puy, et à sa gauche M. de la Batie ; MM. Aliol et Terrasse, adjoints, avaient été également invités.

Au dessert plusieurs toasts furent portés et vivement applaudis.

M. Lefèvre-Pontalis présenta les excuses de MM. Travers et de l'Estourbeillon, membres de la Société. En termes choisis, il exprima la reconnaissance de ses collègues pour la municipalité et les organisateurs du Congrès ; il but aux étrangers, aux chatelains de la région, aux dames et aux jeunes filles, il fit l'éloge du pays et des habitants du Velay, leva son verre, en terminant, à une province qui est, déclare-t-il, « le cœur de la France. »

Le docteur Coiffier parla ensuite au nom aussi de la Société scientifique de la Haute-Loire.

M. de la Batie apporta l'hommage des archéologues locaux, à ceux qui sont venus de loin leur apporter des enseignements et des exemples. Le bon grain ne sera pas perdu, affime M. de la Batie, qui but à la santé de M. Lefèvre-Pontalis, associant dans ce même toast Mme Lefèvre-Pontalis, à laquelle il adresse l'expression de ses respectueux hommages.

M. le vicomte de Ghellinck fit agréablement l'éloge du Velay et parla des travaux du Congrès, en termes qui l'amenèrent à féliciter le président et tous ses collaborateurs, ainsi que le Maire et les habitants du Puy.

M. Chevallier remercia la presse de son empressement à suivre les opérations du Congrès et félicita chaudement les organisateurs et notamment M. Bizalion, qui a prodigué sans compter son temps et sa peine pour assurer ce qui est précieux, même à un archéologue, le gîte et le couvert.

M. Jamet, de Lyon, clôtura la série des toasts en buvant au nom des architectes lyonnais, au Président des archéologues, M. Lefèvre-Pontalis.

La soirée se prolongea encore pendant plus d'une heure au milieu de la plus vive cordialité.

LUNDI 27 JUIN. — 8 heures 59. *Départ en chemin de fer pour la Voûte-sur-Loire ; Visite du château et de l'église. — Retour au Puy* à 11 heures 56. — 2 h. 1/2. — *Rendez-vous à l'église du Collège. — Vieilles maisons, Tour Pannessac, Eglise Saint-Laurent, Chapelle octogonale d'Aguilhe, Chapelle Saint-Michel.* — 3 heures 1/2. *Séance de clôture, projections photographiques des sites et des monuments de Velay par MM. Félix et Thiollier.*

Tout le monde est en wagons. C'est vraiment un charme de se rendre à la Voûte-sur-Loire ; l'œil ne se lasse pas de contempler le merveilleux génie de la nature à travers le défilé capricieux au fond duquel la Loire rapide promène ses eaux bleues. On arrive à *La Voûte.* (1)

L'église. — Le prieuré de la Voûte avait été donné à l'abbaye de Tournus antérieurement à l'année 1120. La première travée de l'église est récente et la partie romane paraît avoir été bâtie en deux fois. Dans une première campagne de travaux on a dû élever les deux travées anciennes de la nef voûtée en berceau légèrement brisé avec doubleaux simples reposant sur des colonnes engagées. Les chapitaux sont décorés de feuillages ou de têtes. La porte primitive s'ouvrait au Nord.

Cette nef est suivie d'une travée voûtée, d'une coupole octogonale reposant sur des trompes en cul-de-four. Cette coupole est supportée par de grosses piles en forme de demi-colonnes engagées, terminées par de simples tailloirs. Il semble qu'il faille voir dans ces gros piliers massifs, de forme cylindrique, exceptionnels dans la région, une réminiscence de l'architecture de l'église de Tournus. Le transept a été construit après coup. Le chevet, dont le mur de clôture est légèrement oblique et qui est éclairé par une grande fenêtre du XVe siècle, a été remanié. Le clocher s'élève au-dessus de la travée voûtée en coupole ; il est carré et sur chaque face s'ouvre une fenêtre en plein cintre dépourvue d'ornements.

---

(1) LA VOUTE-SUR-LOIRE. 828 habitants, canton de Saint-Paulin (A. Joanne, Géographie de la Haute-Loire, 1899, p. 54.)

Château. — Le château de la Voûte s'élève dans une situation très pittoresque, sur une presqu'île formée par la Loire. Les constructions actuelles, qui ne paraissent pas antérieures au XVe siècle, comprennent un vaste logis flanqué d'une aile en retour à l'Est ; à l'angle Sud-Est se trouve une grosse tour ronde. Ce château vient d'être l'objet d'importantes restaurations exécutées par son propriétaire, M. de Polignac qui fait lui-même aux Congressistes les honneurs de sa demeure avec une bonne grâce parfaite.

CHATEAU DE LA VOUTE

La Voûte possède un beau viaduc du chemin de fer sur la Loire et un pont du XVIe siècle.

Les voyageurs rentrés pour déjeuner se rendirent à 2 heures 1/2 à l'*Église du Collège*. Cette église faisait partie de la maison que les Jésuites fondèrent au Puy en 1588. Elle fut commencée en 1607 sur les plans du P. Martellange. La partie inférieure de la façade exécutée en trachyte de la Pradette aurait été ajoutée après coup et ne daterait que de 1682. La façade est décorée de colonnes d'ordre dorique. L'édifice se compose d'une nef de trois travées, d'un transept peu saillant et d'un chevet rectangulaire. Le fond du chevet est occupé par un retable rectangulaire en bois sculpté ; la partie centrale est décorée d'une grande peinture représentant le crucifiement : à chaque extrémité, on voit des statues d'anges. D'autres retables en bois se trouvent dans les chapelles : la porte est également ornée de sculptures (1).

Le Lycée se trouve dans le collège des Jésuites ; on y conserve encore la cellule habitée par saint François-Régis en 1640, au moment de son départ pour la Louvesc où il mourut.

Suivant son programme, M. Lefèvre-Pontalis nous conduisit vers les vieilles maisons de la ville qui sont en assez grand nombre. En voici l'énumération par rues :

Rue Saint-Gilles. — N° 8. Façade décorée à chaque étage de pilastres à chapiteaux ioniques et corinthiens, cour décorée d'arceaux à clef de voûte

(1) Bibliographie. — Mandet, *Histoire du Velay*, 1872, t. VI. — Chervet (Léon), *Etienne Martellange*, dans la *Revue du Lyonnais*, 39e année, 1873.

écussonnée, dont l'un porte la date de 1587. Belles caves plus anciennes dont les voûtes ont été doublées d'un revêtement percé de meurtrières.

Rue Saint-Jacques. — N° 21. Maison datée de 1538 ; cour intérieure avec galeries superposées ; haute tourelle d'escalier.

Rue Pannessac. — N° 22. Jolie façade de 1771.

N° 29. XVe siècle. Le cordon de la moulure sculptée entre le rez-de-chaussée et le 1er étage se termine de chaque côté par des têtes pleines de caractères.

N° 33. Maison datée de 1650, trois étages à deux fenêtres par étage encadrées de pilastres doriques et corinthiens.

N° 42. Belle façade de la Renaissance.

N° 46. Façade très chargée de l'époque de Louis XIII.

N° 51. Une des plus jolies maisons de la Renaissance que possède Le Puy. Trois fenêtres par étage, celles des deux premiers étages sont rectangulaires et encadrées de colonnes, celles du troisième étage, au nombre de quatre, sont en plein cintre.

Entre chaque étage, frise sculptée avec beaucoup de finesse ; date de 1576, gravé dans un cartouche.

Rue Chamarlenc. — N° 16. Maison du XVIIe siècle, siège de la Joyeuse, Société des Cornards. Deux mascarons pleins de caractères : l'un, qui a une expression fort triste, semble regarder son voisin et porte l'inscription : *Voies le cornar rian,* l'autre, au contraire, paraît souriant et porte les mots : *A que les cornes von bien sur un front comme le mien.*

Rue Villeneuve. — N° 21. Maison très intéressante, mais bien délabrée, de la fin du XIIIe ou du XIVe siècle ; baie géminée sous un grand arc et, au-dessus, ouverture rectangulaire.

Rue Grangevieille. — N° 23. Maison en partie du XVe siècle : rez-de-chaussée, belle cheminée en pierre ; au second étage, petite pièce voûtée sur ogives de profil avec fenêtre à meneau, façade de la fin du XVIe siècle remaniée ensuite ainsi qu'en témoigne la date de 1734.

N° 17. Hôtel de Miramon Largues ; dans la cour, tourelle d'escalier, arcades surbaissées formant galerie devant les appartements du rez-de-chaussée (fin XVe siècle).

Rue Saint-Léonard. — Maison remarquable bâtie au début de la Renaissance ; au premier étage, quatre petites baies rectangulaires, fenêtres plus grandes aux étages supérieurs, frise avec médaillon entre le rez-de-chaussée et le premier étage.

Rue des Tables. — Dans le bas de la rue, très jolie fontaine remontant en partie au XVe siècle.

Rue du Greffe. — Maison du XVe siècle, restaurée en l'an VII, très jolie cour, fenêtres à balustres. La clé de chaque fenêtre est décorée d'une tête en haut-relief d'un beau caractère ; jolie cage d'escalier.

Rue Prat-de-Loup. — N° 12. Maison dont le curieux amortissement d'escalier sort de la tourelle pour passer sur la maison voisine.

Rue de l'Ancienne-Préfecture. — N° 3. Ancienne Préfecture, d'abord résidence des Maurin, baillis du Velay, puis des Polignac, transformée en Préfecture jusqu'en 1825, aujourd'hui résidence de M. le comte de Brive ; dans la cour, tourelle avec gargouilles brisées, belle cave voûtée.

N° 31. Cette maison du XVe siècle, remaniée au XVIe, a une autre façade rue du Cloître ou montée *Crebacor ;* cheminée au 1er étage ; plafond peint au 2e et au 3e étage ; les faces verticales des solives sont alternativement décorées de blasons et d'animaux fantastiques peints à la détrempe au XVe siècle.

Maison Armand. — Belle porte flanquée de pilastres ; sur le linteau, mascaron d'un grand caractère.

Rue Saint-Georges. — N° 11. Au rez-de-chaussée de cette maison se trouve une colonne centrale couronnée d'un chapiteau double, avec un angle sur chaque face.

Hôtel de la Prévôté. — L'ancien Hôtel de la Prévôté, contre l'église Saint-Jean, conserve encore une jolie porte de la dernière période gothique et un escalier à vis.

Rue du Rocher. — Belle porte romane dont l'archivolte est décorée de bâtons brisés reposant sur leurs pieds droits sans l'intermédiaire de chapiteaux.

Dans le bâtiment occupé l'année dernière encore par les Pères Observantins, on voit quelques vestiges de l'église Saint-Pierre-Vieux et une belle grille en fer forgé du XVe siècle.

Rue Rochetaillade. — Angle de la rue de l'Ancienne-Préfecture, maison de Chaumeils, façade avec grands arcs remontant à l'époque romane, ainsi qu'un curieux fragment de décoration en pierres multicolores ; — jolie tourelle du XVe siècle.

N° 7. Maison romane assez bien conservée ; elle comprend aujourd'hui une cave non voûtée, un rez-de-chaussée et deux étages. L'escalier se trouvait à l'angle Nord-Est et desservait tous les étages. Le rez-de-chaussée est ajouré d'une large porte de boutique et d'une porte plus petite donnant accès à l'escalier. Le premier étage est défiguré ; au second étage on voit encore deux grandes archivoltes encadrant chacune deux baies géminées. Dans le tympan des grandes archivoltes, on remarque un petit trèfle.

Rue Raphaël. — N° 56. Belle maison Renaissance de trois étages ; le rez-de-chaussée s'ouvre sur la rue par un grand arc surbaissé ; colonnes ioniques aux fenêtres du premier étage et corinthiennes aux deux autres ; curieux mascarons.

N° 48. La façade est datée de 1763, mais le passage voûté qui conduit dans la cour est du XVIe siècle. La cage d'escalier qui porte l'empreinte du style de la Renaissance a conservé son ancien vitrage ; au second étage, peintures sur les poutres d'un plafond à poutrelles.

Rue Chenebouterie. — N°s 10, 12, 14, vastes pièces du rez-de-chaussée voûtées sur croisées d'ogives de la dernière période gothique ; dans les cours tours d'escaliers et galeries.

N° 9. Belle façade édifiée en 1592.

Rue Courrarie. — N° 6. Maison composée à l'intérieur de deux bâtiments reliés par d'élégantes galeries de la fin du XVe siècle. Image sculptée d'un chien à l'une des fenêtres placées en face de la porte d'entrée.

N° 40. Edifice intéressant, jolie façade Renaissance, trois étages avec deux fenêtres à chaque étage séparées par des pilastres ; motifs sculptés entre chaque étage.

Cour à ciel ouvert avec galeries et tour de six étages ajourée de larges fenêtres. Dans cette même maison une autre tourelle porte la date de 1571.

Cette longue liste, qui comprend les principaux ornements d'architecture civile du Puy, est encore incomplète. On rencontre en effet des vestiges de constructions anciennes dans presque toutes les rues, notamment rue Chaussade, rue du Général Lafayette, place Saint-Pierre-la-Tour, place Saint-Maurice, rue Grenouillet, rue Saint-Antoine, rue de Vienne, etc. (1).

---

(1) BIBLIOGRAPHIE. — Notes manuscrites de M. U. Rouchon. — Isidore Hedde. *Etudes locales* ; *Album Archéologique de la ville du Puy*. — A. Aymard. *Comptes-rendus des fouilles faites au Puy* dans de nombreux volumes de la *Société Académique*, journal *de la Haute-Loire, passim*. — Edouard Terrasse. *Rapport à la Commission municipale des travaux publics*. — Hallays (André). *En flânant*, etc. — Martin Germain. *En Velay*, in-12. Le Puy, 1899.

Tour Pannessac. Cet édifice composé de deux tours et un donjon, tel qu'il figure dans un tableau du Musée, était au nombre des 15 portes placées sur l'enceinte extérieure de la ville basse ; la ville haute et le cloître avaient d'ailleurs chacun une enceinte propre.

L'aspect de cette tour féodale ramène l'esprit à ces époques de guerres civiles qui ensanglantaient le Velay, où l'on se battait pour ainsi dire de porte à porte, où chaque quartier avait sa milice toujours prête à se porter en avant, tantôt contre les Anglais, les Huguenots ou les gens d'armes des vicomtes de Polignac. Cette porte qui fut témoin de tant de massacres le fut aussi de spectacles plus réjouissants, spécialement lors de l'entrée des souverains qui venaient en pèlerinage ; telle fut la réception faite à François Ier en 1533.

TOUR PANNESSAC

Nous nous dirigeons ensuite vers l'*Eglise Saint-Laurent.*

L'église Saint-Laurent faisait partie du couvent de Dominicains fondé au Puy en 1221. On ignore l'époque de sa construction, mais sur une des bases de colonne on lit la date de 1340 qui correspond bien au style de l'architecture.

C'est le plus important des édifices gothiques du Velay ; il est construit d'après les données de l'architecture méridionale et forme un parallélogramme de 65 mètres de longueur sur 22 mètres de largeur, dont les trois nefs sont divisées en cinq travées. Les voûtes des bas-côtés sont aussi élevées que celles de la nef qui est dépourvue de fenêtres. Les piliers sont formés d'un massif de maçonnerie flanqué sur chaque face de pilastres à trois pans.

Entre chaque pilastre des petites colonnes supportent des ogives. Les doubleaux ont le même profil que leurs pieds-droits, les ogives se profilent en un gros tore avec rédents. L'abside à cinq pans est éclairée par des baies longues et étroites divisées : celles du centre en trois parties, les autres, en deux avec remplages tréflés ; les fenêtres des bas-côtés sont petites. Les chapiteaux sont décorés de têtes d'hommes ou d'animaux, enlacées dans des rinceaux de feuillages. La sculpture en est plate et grossière, une seule toiture recouvre les trois nefs. La voûte du chœur s'étant écroulée au XVIe siècle, on flanqua les façades latérales de contreforts lourds et disgracieux.

Le portail d'une exécution plus soignée, se trouvait à l'origine sur la façade méridionale. Transporté, en 1855, à sa place actuelle, il se compose de cinq voussures dont deux sont garnies de petites niches avec statues d'ange conservées dans la partie supérieure. La façade occidentale a été modifiée à la même époque.

A l'extrémité du collatéral Nord se trouve un des tombeaux de Du Guesclin. Après sa mort à Chateauneuf-de-Randion, on transporta son corps à Saint-Denis. Comme Le Puy était la première étape sur le parcours, c'est là qu'il fut enbaumé ; on y ensevelit en grande pompe ses entrailles.

Le tombeau qui se trouvait originairement dans le chœur, fut en partie détruit à l'époque des guerres de religion ; en 1831, on le rétablit à la place où il se trouve actuellement. L'entrée primitive était beaucoup plus simple et toute la décoration extérieure date du XIXe siècle. Le défunt est représenté armé de toutes pièces, la tête reposant sur un coussin et les pieds sur un chien ; au-dessus on lisait l'épitaphe ainsi conçue :

CI GIST TRÈS NOBLE HŌ ET VAILLĀT MESSIRE BERTRĀD
CLAIKIN CONTE DE LŌGUEVILLE JADIS CONNESTABLE DE
FRANCE QUI TREPASSA L'AN MIL CCCLXXX LE XIIII DE JUL.

Le clocher de l'église, sans style, a été construit au XIXe siècle. Les bâtiments conventuels qui, s'élèvent au Nord de l'église ont conservé un certain caractère à l'extérieur (1).

Cette église est excessivement sombre.

M. Lefèvre-Pontalis nous conduit à un petit monument bien curieux :

La chapelle Saint-Clair ou chapelle octogone d'Aiguilhe. Cette chapelle, plus connue dans la région sous le nom erroné de *Temple de Diane*, présente un spécimen unique en Velay d'un plan architectural assez rare, mais dont le XIe et le XIIe siècle offrent cependant d'autres exemples. C'est un octogone régulier terminé à l'Est par une abside semi-circulaire voûtée en cul-de-four.

Sur une sorte de soubassement, qui sert de support, s'élèvent extérieurement huit arcades en plein cintre séparées par des pilastres angulaires. A l'intérieur, des arcades analogues reposent sur des colonnes engagées d'un quart. Ces arcades intérieures ne sont pas ornées ; l'arête a seulement été abattue ; au dessus d'elles, une corniche indique le point de naissance de la coupole dont chacune des huit sections, indépendantes l'une de l'autre, se réunit autour d'une ouverture circulaire qui occupe le centre de la voûte.

Des fenêtres sont ouvertes sur six des faces de l'octogone ; les parois orien-

(1) BIBLIOGRAPHIE. — Mandet. *Histoire du Velay*, t. VI, p. 158. — Aymard. *Monument élevé au connétable Bertrand Du Gueselin dans l'église Saint-Laurent du Puy. Annales de la Société d'Agriculture du Puy*, VII, 1834.

tales et occidentales où se trouvaient la porte et l'abside en sont dépourvues. Quatre fenêtres sont percées dans l'axe des arcades, mais non les plus rapprochées de l'abside. On a donné à ces dernières baies de plus petites dimensions pour ne pas affaiblir le mur à cette place.

Deux portes en plein cintre donnent accès dans la chapelle : l'une plus petite, au Nord ; l'autre plus grande, à l'Ouest. Toutes deux sont comprises de la même façon ; la baie est recouverte d'un linteau en dos d'âne surmonté d'un arc de décharge en plein cintre avec claveaux alternativement blancs et noirs. Le tympan est garni de décorations d'appareil ; losanges noirs se détachant sur fond blanc et disposés de façon à former des étoiles, au Nord ; disques noirs et blancs tangents les uns aux autres, à l'Ouest. Au milieu du linteau de la porte occidentale « on remarque une croix grecque sculptée et de chaque côté de cette croix deux cercles qui diminuent de diamètre proportionnellement au rétrécissement du linteau. Les deux derniers cercles à droite et à gauche se détachent de la pierre en très-bas relief et ressemblent à des boules aplaties (1).

De nombreuses opinons on été émises sua la destination de ce monument. Ce n'était pas un baptistère, car Aiguilhe ne fut pas une paroisse et se trouvait à proximité du baptistère du Puy ; ce n'était probablement pas non plus une chapelle de Templiers. L'ordre du Temple avait une commanderie au Puy, mais son église consacrée à Saint-Barthélemy existe encore en partie, et de plus il ne possédait pas de terre à Aiguilhe. Il paraît plus probable que c'était la chapelle du très ancien *Hôpital des pauvres* d'Aiguilhe, mentionné dès l'année 1088.

Une phrase d'une chronique manuscrite du Puy, écrite en 1814, confirmerait cette hypothèse (2).

Il semble que cette chapelle n'ait été dédiée à saint Clair qu'au XVIIe siècle. Elle a subi plus tard bien des vicissitudes. En 1789 elle servait de grenier à fourrages; réparée depuis, elle fut louée par la précédente municipalité du Puy à une compagnie d'électricité qui y a établi un transformateur. Les poteaux fichés à cette occasion dans les murs ont provoqué la ruine de toute la partie méridionale. Puissent les réparations entreprises, aux frais de la municipalité actuelle et de la Commission des Monuments historiques, être terminées promptement (3).

---

(1) Mérimée : *op. cit*, p. 241.

(2) Joignant ce monument et sur la gauche on distingue les restes d'un ancien bâtiment où était jadis un hospice.

(3) Bibliographie. — Mongon de la Lande : *Essai historique sur les antiquités du département de la Haute-Loire*, 1826. — Caumont (de) : *Bulletin monumental*, t. VIII. — Mérimée. *Notes d'un voyage en Auvergne*, Paris, 1838. — Le Blanc (Paul). *Congrès Scientifique de France*, 1855. — Gailhaband. *L'Architecture du VIe au XVIIIe siècle*, t. I. Paris. — Viollet-le-Duc. *Dict. raisonné, passim.* — Thiollier (Noël et Félix.) *Architecture religieuse*, p. 70 a 73.

Les congressistes se dirigent ensuite vers le Rocher d'Aiguilhe, l'excursion la plus fatigante du Congrès. En gravissant les 249 marches du dyke volcanique, remarquons la nature de la roche analogue du rocher Corneille, bien que la forme générale soit bien différente. Ce dycke énorme surgissant du fond d'une vallée a toujours excité l'admiration des visiteurs ce qui l'a fait considérer par un vieil historien comme une des merveilles du monde.

LE ROCHER DE SAINT-MICHEL

L'ascension s'opère relativement facilement ; bientôt nous arrivons devant la gracieuse antique chapelle.

La chapelle Saint-Michel d'Aiguilhe, qui domine d'une façon si pittoresque un rocher volcanique abrupt, est un édifice de deux époques distinctes. La partie la plus ancienne a l'intérêt d'être datée d'une façon précise.

L'acte de la fondation de la chapelle relate, en termes fort clairs, que le doyen du chapitre de la cathédrale, Truannus, après en avoir obtenu l'autorisation de l'évêque Gottescalk, fit faire un chemin le long de cette montagne où, jusqu'alors, les hommes les plus agiles pouvaient à peine passer, et construire à son sommet un oratoire consacré à l'archange Saint-Michel. Ce monument était terminé le 18 juillet 962, époque où Truannus en fit don au chapitre du Puy.

L'oratoire primitif se compose d'un petit sanctuaire carré encore bien reconnaissable dont la voûte en forme de pyramide basse et obtuse, construite en appareil grossier, s'élève sur un plan rectangulaire. Il était flanqué d'une abside en forme de transept au Nord et au Sud ; toutes trois voûtées en cul-de-four. La porte d'entrée ancienne, bien visible encore quoique murée, s'ouvrait sur l'escalier actuel, à l'Ouest de l'absidiole méridionale ; elle est dépourvue d'ornements et couverte d'un simple linteau. L'appareil de cette partie de l'édifice est assez grossier, il est formé de moellons à peine dégrossis et noyés dans le mortier. Les fenêtres minuscules qui éclairent l'abside et les absidioles sont en plein cintre et leurs archivoltes creusées dans un seul bloc de pierre.

L'absidiole méridionale a été ouverte lors de l'agrandissement de la chapelle pour donner accès à une sorte de réduit ou de tribune située au-dessus de l'entrée actuelle construite postérieurement.

Autour de cet oratoire primitif sont venues se greffer d'autres constructions plus soignées et plus ornées, que nous ne croyons pas antérieures à la fin du XIe siècle. C'est peut-être même après cette époque qu'on a prolongé l'entrée de façon à pouvoir construire le portail sur un emplacement assez large.

CHAPELLE DE SAINT-MICHEL D'AIGUILHE

Actuellement, on pénètre dans l'église par une très belle porte s'ouvrant à l'Est. Elle donne accès dans un vestibule d'où l'on entre dans l'église proprement dite après avoir gravi sept marches.

Ce narthex, qui comprend deux travées voûtées d'arêtes, se continue dans l'intérieur de l'église dont il fait le tour, en décrivant une courbe elliptique. On circule ainsi dans un déambulatoire qui se compose de neuf travées recouvertes de compartiments d'arêtes irréguliers, de façon à racheter la forme du sol ; les voûtes n'ont pas de doubleau et reposent à leur naissance sur des colonnes peu élevées, trapues et renflées près de la base. Cette galerie se termine au Nord par une abside semi-circulaire. Elle entoure une nef voûtée en berceau plein cintre qui vient aboutir obliquement avec un décrochement visible dans les joints à la partie rectangulaire de l'oratoire plus ancien.

L'église était recouverte de peintures qui ont disparu, sauf dans la partie la plus ancienne où elles sont détériorées et presque méconnaissables.

La première travée montante du narthex est divisée en deux étages par de larges blocs de pierre reposant d'un côté sur des corbeaux, de l'autre sur une colonne. Ces blocs de pierre sont traversés par de longues colonnettes partant du bas pour venir supporter directement la voûte de l'étage supérieur recouvert d'une coupole minuscule qui repose sur de toutes petites trompes en cul-de-four. Il est réuni au sanctuaire carré par deux travées de nef voûtées d'arêtes. Pour les faire communiquer, on a dû démolir le fond de l'absidiole méridionale dont une partie de la courbure existe encore.

Les chapiteaux, en grès de Blavozy, sont ornés de feuillages assez grossièrement traités. Les plus rapprochés de la porte sont d'un travail bien meilleur, tous semblables et divisés en deux parties ; l'un couvert de rinceaux, l'autre décoré de palmettes. Cette différence dans la sculpture semble indiquer que l'allée conduisant au portail, ainsi que ce dernier, sont d'une date postérieure.

La partie la plus riche est sans contredit la façade. La porte est flanquée de deux colonnettes supportant un arc de décharge à trois lobes avec des personnages tenant des rinceaux ; deux sirènes décorent le linteau.

Le centre du tympan n'est pas orné ; sous le lobe central est sculpté un *Agnus-Dei* et, dans les deux autres, des clercs en adoration présentent un calice. Le biseau du tailloir des chapiteaux est décoré de palmettes de chaque côté du portail, deux animaux à mi-corps sont en saillie sur la muraille ; une archivolte, décorée de losanges alternativement blancs et rouges, entoure l'arc trilobé du portail.

La façade est divisée par une corniche aux deux tiers de sa hauteur, la partie supérieure est aussi ornée de mosaïques et. plus haut, cinq arcades qui retombent sur des corbeaux en forme de main ouverte, abritent des représentations du Père Eternel, de la Vierge, de saint Michel, de saint Pierre et de saint Jean.

Un chemin de ronde, reposant tantôt sur le rocher, tantôt supporté sur de grands arcs, entoure le monument. Au Nord sont les ruines de la cellule de l'ermite ou du desservant de la chapelle.

A l'extrémité Ouest de la chapelle s'élève un clocher indépendant du reste de la construction, qui a certainement subi les mêmes influences que celui de la cathédrale. Divisé en cinq étages en retraite les uns au-dessus des autres, il se termine par une pyramide de pierre à quatre pans.

Chaque année, la messe est célébrée dans cette chapelle le jour de saint Michel.

---

(1) BIBLIOGRAPHIE. — *Gallia Christiana*, II, p. 755-756. — Arnaud : *Histoire du Velay. Le Puy*, 1816. — Mangon de la Lande : *Essai sur les antiquités de la Haute-Loire.* Saint-Quentin, 1826. — Mérimée : *Notes d'un voyage en Auvergne.* Paris, 1838. — Paul Le Blanc : *Rapport sur la visite faite à Saint-Michel*, dans le *Congrès Scientifique de France*, de 1855.— Degré (P.) dans Bulletin Monumental, 5e série. t. II. — Dauvreque (A) : *Rapport sur Saint-Michel. Journal Haute-Loire*, 16 et 20 mars 1851. — Raguenet : *Petits monuments historiques.* — Chevalier (l'abbé) : *Cartulaire de Monastier*, 1888. — Théollier (N. et F.) : *L'Architecture romane dans l'ancien diocèse du Puy*, page 75 et suiv. — Thiollier (Noël) : *Saint-Michel d'Aiguilhe* dans *Mémorial de la Loire*, du 16 août 1903.

En descendant du rocher, les congressistes se séparèrent pour se reposer, dîner et aller assister à la séance de clôture.

Le Congrès ayant terminé les excursions dans la ville du Puy, nous croyons devoir signaler quelques monuments rencontrés sur notre route, que le temps si rapidement écoulé n'a pas permis à M. le Président de nous montrer en détail.

Hôtel de Ville, est d'une construction assez simple ; élevé en 1766 ; l'intérieur renferme une belle rampe d'escalier en fer forgé de cette époque.

Sur la place du Breuil, quartier le plus élégant de la ville ; au centre s'élève la belle *Fontaine Crozatier*, œuvre et don de ce généreux enfant du Puy, avec son portrait en relief. Quatre cours d'eau du département, la Loire, l'Allier, la Bornes et la Dolaison sont représentés par quatre statues dominées par celle de la ville du Puy. Autour du grand bassin des groupes de génies reproduisant une autre œuvre de Crozatier qui orne les bassins de Versailles.

STATUE DE LAFAYETTE

Sur cette place nous remarquons *La Préfecture*, construction moderne du même style que le Musée, derrière laquelle se trouve la promenade du *Fer à cheval*, fréquentée par la bonne société de la ville ; puis au Sud, le *Palais de Justice* avec sa colonnade en brèche brune de Denise, élevé en 1835, et, à côté le *nouveau Théâtre*. Derrière ces deux monuments s'étend le Foiral dont le côté ouest est bordé par la façade du *Lycée de filles*.

Statue de la Fayette. Le général de la Fayette, une des gloires de la Haute-Loire, est représenté élevant en l'air la cocarde nationale. Statue en bronze, d'un bel élan, érigée en 1883, et œuvre de Hiolle.

Croix de Mission. Monumentale croix, rappelant une mission, érigée sur le boulevard Carnot.

Bibliothèque municipale, située près du Lycée ; ne possède pas un grand nombre de volumes. Elle se compose d'une riche collection d'ouvrages sur le Velay.

Archives départementales. Son dépôt très important pour le pays se trouve dans les bâtiments de la Préfecture.

Monument des Enfants de la Haute-Loire. Dans le jardin du Fer à cheval. Fac-simile en bronze de la statue placée sur le tombeau de Lamoricière.

Et bien d'autres curiosités. Il faut se borner. Je ne puis cependant me défendre de consacrer quelques lignes aux dentellières du Puy, qui m'ont rappelé nos vieilles dentellières lilloises.

Il est très intéressant de voir dans les rues non commerçantes du Puy, sur toutes les routes, dans tous les villages, les dentellières, coquettement coiffées, souvent réunies à plusieurs, assises sur de petites chaises, travaillant, le carreau sur les genoux, avec une activité étonnante.

La fabrique de dentelles de la Haute-Loire, qui s'étend aussi sur les départements limitrophes, est la plus importante, non seulement de France, mais du monde entier.

DENTELLIÈRE

Dans son rapport sur les *dentelles vraies*, à l'exposition de Chicago en 1843, M. A. Warée estime à 127.000 le nombre des dentellières pour toutes les fabriques réunies de France, et dans ce total, la fabrique de la Haute-Loire figure, à elle seule, pour 92.000 (soit 27.000 de plus que pour la Belgique tout entière).

M. Félix Aubry, dans son rapport de 1851, estimait à 130.000, le nombre des dentellières de la Haute-Loire.

Cherchant la vérité entre les deux chiffres on peut, sans exagération, adopter celui de 100.000. Ce nombre est d'ailleurs variable ; mais, lorsque la dentelle est en faveur, on peut affirmer que presque toutes les femmes valides dans les campagnes, et un grand nombre, dans les villes, font babiller plus ou moins les fuseaux.

Les dentelles de la Haute-Loire s'exportent dans le monde entier, surtout en Amérique. Il s'en fabrique de tous les genres, de tous les prix, et avec les matières premières le plus diverses (fil, soie, laine, paille, crin, etc.). Les fabricants de la Haute-Loire ont toujours su se plier aux exigences de la mode et captiver les acheteurs par la multiplicité de leurs créations autant que par la solidité et le bon marché de leurs produits.

D'ailleurs, quels que soient les progrès réalisés par la mécanique, les *dentelles vraies* seront toujours supérieures aux *imitations* fabriquées par les doigts de fer, et la *dentelle imitation* ne peut pas plus être confondue avec la *dentelle vraie* que ne l'est la peinture avec la chromolithographie.

L'ouvrière en dentelle vivant chez elle, en famille, ou près de ses compagnes, est très heureuse, et le travail à l'atelier ne pourra jamais remplacer cette occupation du carreau que l'on prend, que l'on quitte à volonté, pour vaquer aux soins du ménage ; que l'on emporte aux champs, que l'on néglige au moment des récoltes, mais qui charme les longues veillées d'hiver et qui assure toujours le pain. Et le touriste, en passant dans les villages, contemplera avec intérêt ces groupes pittoresques de jeunes et de vieilles femmes devisant en agitant fébrilement leurs légers fuseaux :

Avec les mains, la langue aussi travaille :
On prie, on chante, on dit son petit mot
Sur l'œil voisin dont on cherche la paille,
Et, du pied gauche, on berce le marmot.

H. Achard (1).

La *Séance de clôture*, à laquelle assistait une foule particulièrement nombreuse été présidée par M. Lefèvre-Pontalis.

M. Grellet de la Deyte y donna lecture d'un long et intéressant mémoire sur *Yves d'Allègre,* le vaillant capitaine de Charles VIII, l'un des hommes qui ont mérité les premières places dans la liste des officiers sortis du Velay.

M. Lefèvre-Pontalis signala les travaux suivants déposés sur le bureau du Congrès : Félix Bouton : *Reconstitution du Palais des empereurs à Trèves ;* Masserand : l'*Eglise d'Amboise* ; J. Dechelette, le plan de son ouvrage : *Vases céramiques ornés de la Gaule.*

Puis la parole fut donnée à M. le chanoine Mounier, vicaire général, qui présenta au Congrès les remerciements du clergé diocésain. Les prêtres du département s'appliqueront désormais d'une manière plus active à préserver les églises de démolitions irréparables ou de restaurations fâcheuses.

En répondant à M. Mounier, M. le Président exprime le désir qu'un album en triple expédition soit dressé du mobilier des églises et que sous aucun prétexte le clergé ne soit autorisé à s'en défaire au profit des collectionneurs indiscrets ou des brocanteurs sans scrupule.

M. Lefèvre-Pontalis réclame en outre la formation d'une commission diocésaine chargée de l'authentification du mobilier des églises.

M. Ch. Jacotin de Rosières entretient ensuite l'assemblée de la sigillogra-

(1) Le Velay. Guide d'excursions, p. 7 et 8.

phie du Velay et signale un grand nombre de sceaux intéressants appendus à des titres du Xe, XIe et XIIe siècles déposés aux archives.

En quelques mots M. Lefèvre-Pontalis résume son impression sur la Cathédrale et indique que l'architecture de l'édifice ne contient aucune partie antérieure au XIe siècle. A son avis on peut considérer comme les plus anciens: le croisillon du Nord du transept et la base du clocher.

Après avoir remercié MM. Achard et Cannet du splendide album archéologique déposé en leur nom sur le bureau du Congrès et les avoir engagés à persévérer dans une voie qui corrobore l'opinion émise relativement à la conservation du mobilier, M. Lefèvre-Pontalis exprime les regrets du bureau de n'avoir pu, faute de temps, faire entendre aux congressistes plusieurs communications.

M. le Président remercie les archéologues du Puy et les auteurs étrangers de mémoires, d'avoir donné au Congrès une grande importance et annonce que le prochain congrès se tiendra en juin 1905 à Beauvais.

Enfin divers vœux sont adoptés, l'un demandant le reclassement comme monument historique de l'église Saint-Laurent du Puy, le second relatif à l'établissement d'un cours d'archéologie au séminaire, un troisième relatif à la restauration du croisillon nord de la Cathédrale.

Lecture est ensuite donnée des récompenses accordées par le Conseil d'administration de la Société pour publications et services archéologiques ; aucun nom ne se rapporte à la région du Nord.

La ville du Puy a voté la somme de mille francs pour le Congrès et la Société académique du Puy a offert des médailles qui viennent d'être distribuées.

La séance se termine par les projections photographiques de MM. Thiollier, qui nous font faire ainsi un voyage très intéressant dans tout le département.

Mardi 23 Juin. 7 heures. *Départ en voitures de la place du Breuil, Château de Bouzols.* Midi. *Déjeuner au Monastier.* 3 h. 1/2. *Départ en voitures, Eglise de Coubon, Château de la Tour. Retour au Puy* à 7 heures.

Toujours favorisés par le temps le plus propice qu'on put désirer, les archéologues partent à 7 heures. La première halte est fixée à *Bouzols* (1).

Le château de Bouzols était le siège de l'une des dix-huit baronnies diocésaines du Velay. La plus ancienne mention que l'on connaisse, remonte au mois de mars 1046, époque à laquelle l'évêque du Puy, Etienne de Mercœur,

(1) Bouzols. Commune de Coubon, 2.489 habitants (196 agglom.). Canton du Puy (Sud-Est). (A. Joanne. Géographie de la Haute-Loire, 1899, page 52).

inféoda la terre de Bouzols à Ithier, son neveu. On trouve ensuite comme possesseurs successifs du château : les de Saint-Romain, les de Polignac, les de Poitiers, les de Beaufort-Turenne, les Armagnac, les de la Tour d'Auvergne et les de Montagu-Bouzols (1). Parmi ces possesseurs, l'un d'eux au moins mérite d'être nommé, c'est le maréchal Boucicaut, qui avait épousé Antoinette de Beaufort en 1393.

CHATEAU DE BOUZOLS

M. Truchard du Molin, tout en déclarant que son assertion ne s'appuie sur aucun document historique, croit pouvoir attribuer à la famille de de Beaufort qui occupa Bouzols de 1347 à 1427 la construction du château actuel ; mais cela paraît inadmissible, bien qu'en Velay la nature des matériaux employés dans l'architecture militaire ne permette pas d'établir des règles chronologiques très précises.

Le château de Bouzols est construit dans une situation à la fois très pittoresque et très forte ; il occupe l'extrémité d'un promontoire inaccessible au Nord et à l'Ouest, relié au plateau, au Sud-Est, par une bande de terrain où l'on avait multiplié les obstacles pour en rendre l'approche difficile et l'attaque dangereuse. Il se compose de deux parties distinctes et d'âge différent : le donjon et les bâtiments d'habitation.

En plan, le donjon a la forme d'un trapèze, ses murs mesurent trois mètres d'épaisseur, il est construit en blocs de basalte assemblés à joints assez épais. Chaque angle est renforcé extérieurement par un contrefort très épais en forme de tourelle. Bien que ce donjon soit actuellement en ruines on y remarque encore deux tours, une cave à provision à l'angle Nord-Ouest, et au Sud une très curieuse citerne creusée dans le roc. Elle est alimentée par les eaux des toitures qui y étaient conduites au moyen de tuyaux creusés dans du grès de Blavozy et dissimulés à l'intérieur du mur ; cette citerne a son orifice dans l'embrasure d'une fenêtre.

L'étage inférieur du donjon, le seul qui subsiste, paraît avoir été séparé par un mur de refend.

Entre le donjon et le château on trouve un passage assez étroit creusé dans le roc. On parvenait de l'un à l'autre au moyen d'un pont volant disposé obli-

(1) Truchart du Molin. *Baronnie de Bouzols.*

quement. Ce passage aboutit au Nord à une porte taillée dans le rocher et s'ouvrant dans une paroi abrupte à 20 mètres environ au-dessus du sol. Il est probable que ce passage était dissimulé et permettait d'évacuer le château en cas de danger.

Les bâtiments d'habitation ne paraissent pas antérieurs au XIIIe siècle, c'est du moins la date probable de la tour qui en occupe l'angle Nord-Ouest, seule partie de l'édifice qui ait conservé son revêtement en pierre de taille. Celles-ci sont assemblées à joints fins et quelques-unes portent les marques de tâcherons en forme d'L ou d'J. La partie supérieure de cette tour est défendue par six créneaux ; on y accède par un chemin de ronde assez bien conservé ; un des étages a été transformé en oratoire.

Le grand mur de façade, privé de son revêtement, ajouré de larges fenêtres agrandies après coup, tombait en ruines comme tout le reste du château. Il n'en subsisterait plus rien aujourd'hui s'il n'avait eu la chance de tomber entre les mains de M. le comte de Brive, qui depuis quelques années consacre à sa restauration des sommes importantes.

On remarquera à l'intérieur, dans la grande salle qui sert de salon, une belle cheminée de la fin du XVIe siècle, dont les morceaux avaient été disséminés, et aussi une intéressante collection d'objets se rapportant à l'archéologie locale.

Dans la cour d'entrée se trouve l'ancienne chapelle, à nef unique voûtée en berceau plein cintre et terminée par un chevet plat. Elle semble remonter à la fin du XIe siècle. Sur la façade, au-dessus de la porte refaite au XVe ou au XVIe siècle, on voit un bas-relief rectangulaire représentant le crucifiement. En face de la chapelle, un bâtiment récemment restauré conserve quelques traces d'une décoration peinte qu'on peut dater du XVIIe siècle.

L'enceinte extérieure a disparu en grande partie. Dans le rocher même qui porte le château, on voit encore des grottes qui furent habitées comme l'indique une cheminée encore bien conservée.

M. de Brive a très aimablement reçu ses collègues.

La commune de Coubon, outre le château-fort de Bouzols possède un cippe gallo-romain sur la place. Les ruines de la tour à signaux de La Roche, Château de Poinsac, Belle Villa de Charentus. Sites charmants sur la Loire (1).

Conduits dans des breacks confortables, les archéologues qui ont eu le temps

---

(1) Bibliographie. — Truchard du Molin. *Les baronnies du Velay. Bouzols*, Paris, 1870, in-8°. — Mandet. *Documents relatifs à l'histoire du Velay.* Le Puy, 1842, gr. in-8°. — Thiollier (Noël). *Le château de Bouzols* dans le *Mémorial de la Loire* du 22 juillet 1900.

d'apercevoir les belles échappées de la vallée de la Gagne, sont arrivés vers midi au *Monastier* (1), où un bon déjeuner les attendait.

L'abbaye du Monastier aurait était fondée au VIe siècle par Saint Carmery, gouverneur d'Auvergne. L'église abbatiale est d'autant plus intéressante que la chronique du Monastier nous donne sur sa construction des détails précieux.

La première chapelle du monastère, dédiée à Saint-Pierre, étant devenue insuffisante on transporta les reliques dans une autre église, dédiée à Saint-Martin et qu'avait fait bâtir l'abbé Vulfage (951-982). Ce monument dura à peine cent ans, car ses fondations avaient été établies sur un terrain meuble. Il ne dut cependant pas s'écrouler en entier car une phrase du chroniqueur prouve que l'abside subsistait encore au début du XIIe siècle. Elle avait été probablement utilisée dans la construction de la nouvelle église.

La reconstruction devenue nécessaire fut entreprise par l'abbé Guillaume III (1074-1086) qui prit conseil de Saint Hugues, abbé de Cluny. Ce dernier lui envoya une bonne quantité d'or pour aider à contribuer au travail qui fut confié à des onvriers étrangers à la région. Guillaume IV, son successeur, acheva le monument.

La disposition bourguignonne des voûtes qu'on trouve dans deux églises de la région dépendant de Monastier, à Chamalières et à Longogne, permet de penser que les maîtres de l'œuvre vinrent de Bourgogne.

L'église du Monastier à été bien remaniée. La façade, les quatre travées de la nef et des bas-côtés ainsi que le transept appartiennent à la construction romane. L'abside et les voûtes de la nef ont été refaites à la fin du XVe siècle par l'abbé François d'Estaing.

Ce monument est construit sur un terrain qui s'élève rapidement à l'Est ; plusieurs marches séparent le chœur de la nef, et l'aire même de cette dernière a une pente très sensible.

Comme en Bourgogne, les voûtes des bas-côtés sont bien moins hautes que celles de la nef centrale ; elles sont toutes actuellement recouvertes par un comble unique ; mais quoique le pignon de la façade paraisse assez homogène, cette disposition ne semble pas primitive. Les murs des bas-côtés et du transept ont dû être surélevés pour permettre l'établissement des neiges.

Sur la façade on voit en effet quelques traces de reprises. D'ailleurs il existe sous les combles, le long de la première travée de nef, une série de petites arcades trifoliées que l'on n'eût certainement pas placées ainsi, si elle n'avaient

(1) Le Monastier, 3.759 habitants (2.036 agglom.). Chef-lieu de canton, arrondissement du Puy. (A. Joanne. Géographie de la Haute-Loire, 1899, p. 54-55).

pas été destinées à être vues. Au Nord, au-dessous de ces arcades, on voit le point de départ du comble des bas-côtés. Un oculus à double ébrasement correspond des combles actuels au transept ; si on l'a construit de cettte façon, c'est qu'il devait donner du jour à l'église. Enfin on a bâti visiblement après coup, au-dessus des bas-côtés, des arcs en maçonnerie destinés à supporter les fermes de la charpente.

Les pieds-droits sont formés à la première travée d'un massif carré flanqué de quatre demi-colonnes. Aux autres travées la demi-colonne qui soutient le doubleau de la nef centrale prend naissance sur un culot sculpté placé au niveau de l'imposte des grandes arcades.

Le transept, large et élevé, à conservé sa voûte en berceau plein cintre, moins haute dans la partie débordante des bras de la croix. De grands arcs de décharge légèrement brisés, pris dans l'épaisseur du mur, règnent intéreurement le long des bas-côtés et du transept. Les fenêtres des bas-côtés, toutes inégales, sont flanquées de colonnettes et entourées d'une archivolte torique aù droit de chaque parement.

La façade occidentale est une des plus riches de la région. La porte est encadrée et flanquée de puissantes et larges arcatures qui donnent à cette façade l'assiette nécessaire, tout en fournissant un système de décoration remarquable par sa simplicité. La partie centrale de la façade est éclairée par une large et belle fenêtre surmontée d'une mosaïque de pierres noires et blanches formant des dessins variés.

A l'origine, chaque nef devait avoir sa toiture distincte ; nous en avons donné les raisons. On aurait donc rapporté sur la façade ainsi remaniée la partie de la corniche qui ornait les appentis primitifs des bas-côtés.

Il est probable qu'à l'origine un clocher s'élevait sur chaque croisillon. L'une de ces tours, démolie tout récemment, se composait de deux étages octogones recouverts d'une belle flèche en pierres ; le clocher actuel, construit en 1902, ne peut en donner une idée.

D'après M. l'abbé Arsac, le clocher qui surmontait la bras méridional du transept aurait été construit par l'abbé François d'Estaing à la fin du XVe siècle. Ce clocher fut démoli à l'époque de la Révolution.

L'abside, avec ses chapelles rayonnantes qui étaient d'abord au nombre de quatre, fut construite par l'abbé François d'Estaing. Entre deux de ces chapelles, au Sud, l'abbé Charles Ier de Sénectaire, fit construire en 1547 une autre chapelle dont la voûte est divisée en caissons.

Dans cette chapelle, un buste à mi-corps, en bois plaqué d'argent et enrichi de pierres précieuses, renferme les reliques de Saint-Théofrède ou Saint-Chaffré ; les lames de métal sont liées ensemble par superposition de leurs bords, au moyen de petits clous en argent ; les mains ont été refaites au

XIXe siècle. Malgré l'aspect un peu barbare de ce très curieux monument, il ne paraît pas être antérieur au XIe siècle.

On remarque encore des fragments de très anciennes étoffes, les boiseries de l'orgue et un tableau, qui remontent à la fin de la période gothique et, dans le fond du bas-côté Sud, un curieux tombeau porté sur des colonnettes romanes.

Château. — Le château de Monastier est situé sur une terrasse dominant l'église à l'Est. C'est une vaste construction élevée sur plan rectangulaire, flanquée aux quatre angles de tours assez saillantes. L'escalier à vis qui dessert les étages supérieurs est renfermé dans une cinquième tour bâtie sur la façade méridionale.

M. l'abbé Arsac croit avoir trouvé l'origine de ce château dans une transaction passée le 13 novembre 1364 entre l'abbé Jacques de Causans et les moines du Monastier. Aux termes de cet acte les moines abandonnèrent à l'abbé quelques maisons et notamment l'infirmerie du couvent pour construire à neuf, en leur lieu et place, un château ou forteresse pour servir d'habitation à lui et à ses successeurs. (1)

Quoi qu'il en soit, l'aspect de ce château a été profondément modifié par un des abbés de Sénectaire (2) dont on voit les armoiries sur plusieurs points de la construction, notamment sur la porte d'entrée et sur les cheminées du rez-de-chaussée. On a plus tard agrandi plusieurs fenêtres, enfin les tours ont été rasées au niveau de la toiture du corps principal en 1782 et 1786.

Le château est aujourd'hui transformé en école, on peut cependant facilement se rendre compte de son état ancien.

A chaque étage se trouvait un large vestibule dirigé du Sud au Nord sur lequel ouvraient les appartements. Au rez-de-chaussée étaient les prisons, la boulangerie et le four. Certaines pièces sont encore voûtées sur croisées d'ogives de profil prismatique et conservent leurs anciennes cheminées.

Le premier étage était occupé par la salle des archives, la chapelle, l'office, la cuisine et un vaste grenier. Le second renfermait trois chambres de chaque côté et plusieurs cabinets. L'une de ces chambres servait de salle d'audience; on y avait établi des places fixes pour le juge, le lieutenant du juge et le procureur fiscal.

Le système défensif a disparu en grande partie; c'est à peine si on aperçoit

---

(1) Notice publiée dans l'*Écho du Velay*, Octobre et Novembre 1875.

(2) M. Arsac, *op. cit.*, pense qu'il s'agit d'Henri Sénectaire, 1645-1677. Les sculptures sont cependant plus anciennes.

au Nord et à l'Est quelques traces de fossés et de meurtrières disposées pour le tir rasant.

Eglise Saint-Jean.— L'ancienne église paroissiale du Monastier, consacrée à Saint-Jean, se trouve à l'extrémité méridionale du village. Elle n'offre pas beaucoup d'intérêt. Une partie de la façade et la première travée remontent peut-être à l'époque romane ; les trois autres travées de la nef, ainsi que le chevet rectangulaire, datent du XVe siècle. Des chapelles ont été construites le long de cette nef, l'une d'elles à nervures toriques. Une grande boiserie du XVIIIe siècle occupe le fond du chevet. On remarquera les amorces d'un arc établi entre les contreforts de la façade. Il formait une sorte de porche aux dimensions restreintes abritant le portail. Plusieurs monuments de cette nature existent encore dans les églises rurales de la région. (1)

Signalons les restes des remparts de la ville et des grottes artificielles dans les environs.

Le retour au Puy s'est fait par Coubon et la Tour.

L'église de Coubon avait été donnée à l'abbaye du Monastier au mois d'avrll 1090. L'édifice roman a été complètement remanié vers 1840, et il ne subsiste d'ancien que la partie médiane de la façade et le portail central. Ce dernier est formé de quatre retraites dont la première est en avancement sur le mur de façade. Les deux extrêmes reposent sur de simples ressauts de mur, celles de l'intérieur sur des colonnettes alternativement cylindriques et octogonales. Les chapiteaux sont garnis de feuillages. (2)

L'histoire du château de *La Tour* ou *La Tour Daniel*, est mal connue. On sait seulement qu'il appartint successivement aux Rochebaron, aux Orvy et aux Colomb de la Tour.

Deux cippes romains ont été employés comme chasse roue de chaque côté d'une croix qui se trouve à l'entrée du pont

C'est un édifice de trois époques bien distinctes. La partie la plus ancienne

---

(1) BIBLIOGRAPHIE. — *Gallia Christiana*, t. IV. — C. de Lharm : *Histoire du monastère, de la ville et des châteaux du Monastier*. Le Puy, 1355, in-8° — Arsac (l'abbé) : *Notes sur l'abbaye, la ville et les châteaux du Monastier*. — Mandet : *Histoire du Velay*. — Mérimée : *Notes d'un voyage en Auvergne*. — Odo de Gissey (Le P.) : *L'ancienne Abbaye du Monastier Saint-Chaffre*, publié par l'abbé Arsac. Le Puy, 1878. — Thiollier : *Architecture religieuse*. — Id. . *Le Monastier* dans le *Mémorial de la Loire*. — Mallay : *L'église du Monastier*, rapport publié par Noël Thiollier. Le Puy, 1902.

(2) Bibliographie. — Thiollier : *Architecture religieuse*. — *Coubon*, dans le *Mémorial de la Loire*, 1903.

est le donjon, grosse tour rectangulaire, construite en blocs de basalte non taillés.

Chaque étage est recouvert d'une voûte en berceau ; l'escalier est pris dans l'épaisseur du mur, mais ne se continue pas dans toute la hauteur du monument. Par une disposition fort curieuse, les portes y donnant accès se trouvent à mi-hauteur environ de chaque pièce : on devait se servir d'échelles mobiles pour y parvenir.

A ce donjon, on ajouta vers la fin du XVe siècle, une aile décorée avec luxe ; la façade très étroite comprend une porte amortie par un arc en accolade aux pieds-droits finement sculptés. Au-dessus on voit une ornementation de feuillage, puis les animaux évangéliques ; plus haut, quatre petites fenêtres rectangulaires ; enfin, pour la partie supérieure, c'est une décoration curieuse composée de grosses boules ou de grandes pointes de diamant.

L'intérieur a conservé deux cheminées, l'une de grandes dimensions avec un siège en pierre de chaque côté ; l'autre, plus petite, sur le manteau de laquelle sont sculptées des scènes religieuses. Sur une porte en bois quatre panneaux sculptés représentent un musicien, deux personnes à table, un cuisinier et un sommelier.

Les autres bâtiments ont été édifiés au XVIIIe siècle.

Il était passé huit heures quand les voyageurs descendirent des voitures.

Tout le monde était enchanté de la magnifique excursion de la journée ; mais par contre tout le monde était fatigué et attendait un repas réparateur.

C'était la fin d'un Congrès admirablement préparé et conduit, lequel a procuré bien des connaissances nouvelles à ceux qui ont eu le bonheur de le suivre, connaissances en archéologie, comme aussi en histoire et surtout en géologie.

Combien nous devons de reconnaissance à M. Lefèvre-Pontalis, notre zélé président, qui s'est prodigué pour nous d'une manière remarquable, ne se ménageant en aucune occasion.

De tous les Congrès de la Société française d'Archéologie, je crois pouvoir dire que celui de cette annee a été la plus fatigant à cause du pays qui n'est pas préparé à recevoir des Congressistes travailleurs (1).

---

(1) Un aimable habitant du Puy, dont je viens de faire la connaissance m'a adressé le numéro du jeudi 30 juin 1904, du journal « *La Haute-Loire* » contenant un article intitulé : *La Leçon du Congrès*. Je crois devoir le faire connaître :

« Le terme des travaux du Congrès est arrivé sans que le zèle des hommes laborieux qui ont bien voulu y prendre part se soit un instant démenti. Tous les programmes ont été largement parcourus et à peu de chose près, épuisés. Les procès-verbaux des séances reproduiront des discussions et des lectures dignes

Nous avons remercié chaleureusement M. Lefèvre-Pontalis qui nous a promis pour l'année prochaine un congrès à Beauvais, Congrès qui sera une véritable promenade auprès de celui du Puy.

Après le dîner nous nous faisons nos adieux, en nous disant à l'année

---

certainement d'intéresser non seulement le pays, mais encore tous ceux, au dehors, qui suivent avec de studieuses préoccupations le courant de la Science. D'autre part, le souvenir des promenades accomplies sera des meilleurs, parce qu'il aura été des plus efficaces.

Le Congrès aura ce résultat, en effet, d'avoir fixé un grand nombre de questions, d'avoir avancé la solution d'un grand nombre d'autres, et *surtout* d'avoir attiré l'attention générale sur des monuments dont on se désintéresse trop chez nous par la routine de l'habitude. Les savantes explications des Lefèvre-Pontalis, des de Fayolles, des Thioiller, leurs ingénieuses comparaisons, nous forceront désormais à regarder et nous engageront à conserver.

Conserver un monument ! cela semble aisé au premier abord, mais c'est une tâche délicate, ardue, qui demande beaucoup de travail et beaucoup de goût. Il faut espérer qu'on l'aura compris et que nous ne verrons plus dans les églises par exemple de ces barbouillages criards qui abiment tout, de ces décorations ridicules qui altèrent l'ordonnance générale de l'édifice, de ces réparations qui compromettent sa solidité.

Nous possédons un ensemble précieux d'églises de l'époque romane; tous les étrangers ont été unanimes a en proclamer la beauté; sachons les garder de toute atteinte barbare et maintenons intelligemment ces murailles vénérables où des générations sont venues chercher un peu d'espérance... Et quand nous parlons de conservations, nous ne voulons pas seulement parler des édifices mais aussi de leur mobilier. Il faut que l'on se le persuade bien, les tableaux, reliquaires, croix, vêtements, doivent rester inaliénables, catalogués et classés propriété de l'église, et les amateurs et brocanteurs doivent en être impitoyablement éloignés. Nous croyons qu'on l'oubliera moins que par le passé.

Un autre résultat du Congrès qui n'est pas négligeable non plus, ce sera d'avoir permis à deux cents étrangers d'apprécier le Velay.

Favorisées par le temps le plus propice que l'on puisse désirer, les excursions ont fait la joie des archéologues, non seulement parce qu'elles leur donnaient matière à observations intéressantes, mais aussi parce qu'elles les mettaient en contact avec un pays splendide.

Ils en ont saisi tout le pittoresque et tout l'agrément, et l'un d'eux nous disait hier :

« Du jour où nos hôteliers auront compris qu'il faut donner au passager, non seulement une nourriture saine et un bon lit, mais encore un service suffisant, le Velay rivalisera avec la Suisse et la dépassera même, car vous avez ici ce que l'Helvétie ne peut offrir : des monuments merveilleux dans un paysage unique. »

Retenons ces paroles. Ce sont des conseils d'amis qui forment avec les conclusions des rapports lus et les éclaircissements des visites aux monuments, la leçon du Congrès, une leçon dont nous exprimons notre vive reconnaissance aux membres de la Société française d'Archéologie, à son éminent président M. Lefèvre-Pontalis, à tous ceux dont le talent et le dévouement ont été à l'œuvre pendant huit jours pour la gloire du Velay. »

prochaine ! Les uns se retirent pour se reposer, un bon nombre pour se préparer à partir à quatre heures du matin par un train allant directement à Paris par la ligne du Bourbonnais.

Avec plusieurs congressistes, je pris mercredi matin à 8 h. 59 un train allant directement à Paris par Saint-Etienne et Lyon. En arrivant à Paris, j'y retrouvai un bon lit ami au grand hôtel du Louvre. Le lendemain je rentrais à Lille, fatigué outre mesure, mais heureux d'avoir suivi un Congrès aussi intéressant dans un pays plein de surprises instructives.

BIBLIOTHÈQUE NATIONALE R.F.

Lille Imp. L. Danel.

214

www.ingramcontent.com/pod-product-compliance
Ingram Content Group UK Ltd.
Pitfield, Milton Keynes, MK11 3LW, UK
UKHW022133190726
13855UKWH00003B/1124

9 782013 053457